MAGISTERIO

Mora, Luis Miguel
    Química recreativa: cien experiencias en el laboratorio / Luis Miguel
Mora. – Bogotá: Cooperativa Editorial Magisterio, 1999.
    164 p. ; 24 cm. — (Colección Aula Alegre)
    Incluye bibliografía.
    1. Química recreativa 2. Química – Experimentos I. Tít. II. Serie
    540 cd 20 ed.
    AGN6625
                        CEP- Biblioteca Luis-Angel Arango

Luis Miguel Mora

Química recreativa

Cien experiencias en el laboratorio

MAGISTERIO

MAGISTERIO

Química recreativa
Cien experiencias en el laboratorio

©   Luis Miguel Mora

Libro ISBN: 978-958-20-0444-6

Primera edición: 1999.
Segunda edición: 2004.
Tercera edición: 2008.
Reimpresión: 2015.
Reimpresión: 2018.

©   COOPERATIVA EDITORIAL MAGISTERIO
Diagonal 36 bis # 20-70 (Parkway la Soledad)
PBX: 3383605
Bogotá, D.C., Colombia.
www.magisterio.com.co
info@magisterio.com.co

Dirección General
ALFREDO AYARZA BASTIDAS

Ilustraciones
MARÍA ISABEL DUQUE

Contenido

Presentación

ste libro no pretende ser un compendio de Química. Su objetivo es incentivar a los jóvenes a ingresar en el campo de la química experimental, realizando ejercicios sencillos, los que requieren de gran cuidado y un poco de conocimiento de algunos aspectos de química.

Es un tipo de química recreativa, su estudio resulta más ameno y fácil de entender, sobre todo algunos fenómenos que en apariencia son desconcertantes.

Se trata de hacer una demostración práctica de algunos principios y enunciados para facilitar al estudiante su comprensión.

La materia encierra en sí, grandes fuerzas que se pueden desencadenar en condiciones especiales; es decir, reacciones controladas.

El laboratorio exige paciencia y los experimentos necesitan además de conocer la teoría, contar con sustancias de buena calidad, leer bien las instrucciones y comprenderlas antes de empezar la práctica.

Cada experiencia ha sido verificada en clase. Teniendo en cuenta la escasez de instrumentos en la mayoría de los colegios, se adoptó por realizarlas con base en proporciones, lo cual requiere que para que la experiencia salga bien, experimentar dos o más veces antes de su demostración.

Este manual tiene en cuenta algunas investigaciones y aportes de un grupo de estudiantes.

Aún con personas experimentadas se corre el riesgo de producirse quemaduras u otros accidentes, por lo que se requiere contar con alguien especializado, profesor o persona que conozca el manejo de los reactivos.

Recomendaciones

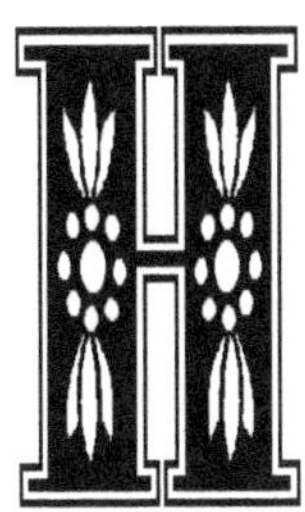ay experiencias que tienen advertencias especiales que se deben tener en cuenta. Según el tipo de práctica se necesitan espacios con bastante aireación, sitios oscuros que permitan observar los distintos fenómenos.

La mayoría de las reacciones utilizadas en este manual liberan gran cantidad de calor por lo que en el laboratorio no puede faltar un extinguidor de incendios a base de dióxido de carbono.

Recuerde que está jugando con fuego, por lo que se le sugiere no correr ningún riesgo.

Sería ideal contar con guantes, gafas transparentes y una blusa para mayor protección personal.

En caso de utilizar ácido y hacer soluciones, recuerde que el ácido se debe agregar al agua y no el agua al ácido; porque podría provocar una explosión.

En caso de quemaduras con ácido lave con bastante agua.

El fósforo blanco es un elemento de mucho cuidado, produce quemaduras de difícil curación, para cortar pedazos de fósforo hágalo bajo agua utilizando pinzas y espátula.

Si utiliza fósforo rojo no lo manipule si no está lo suficientemente húmedo para evitar que se encienda y produzca algún accidente.

Procure no inhalar directamente los gases y no se acerque a ninguna sustancia enfrascada si no está seguro de su contenido. En el laboratorio cualquier sustancia es veneno hasta no tener la seguridad de qué sustancia se trata.

Tipos de reacciones químicas

xisten varios tipos de reacciones químicas así:

Reacciones de combinación

Cuando dos o más sustancias simples se combinan para producir una más compleja.

$$S + O_2 \longrightarrow SO_2$$

Al hacer combustionar el azufre se produce un gas que posee un olor característico, es venenoso, se trata del óxido sulfuroso.

Reacciones de descomposición

A partir de un compuesto se pueden obtener sustancias más simples.

$$C_{12}H_{22}O_{11} + calor \longrightarrow 12C + 11H_2O$$

Al combustionar el azúcar se obtiene un residuo negro que es el carbón y vapor de agua.

Reacciones de desplazamiento

Cuando un elemento remplaza a otro, lo desplaza.

$$Zn + H_2SO_4 \longrightarrow ZnSO_4 + H_2$$

El Zinc remplaza al hidrógeno, y éste se desprende en moléculas diatómicas.

Reacciones de doble desplazamiento

Son aquellas en las cuales hay un intercambio de átomos.

$$CaCl_2 + Na_2CO_3 \longrightarrow CaCO_3 + 2NaCl$$

El calcio y el sodio se intercambian.

Soluciones y precipitados coloreados

 on reacciones características de algunos iones que en disolución y en combinación con otras sustancias producen precipitados y soluciones coloreadas.

Color púrpura

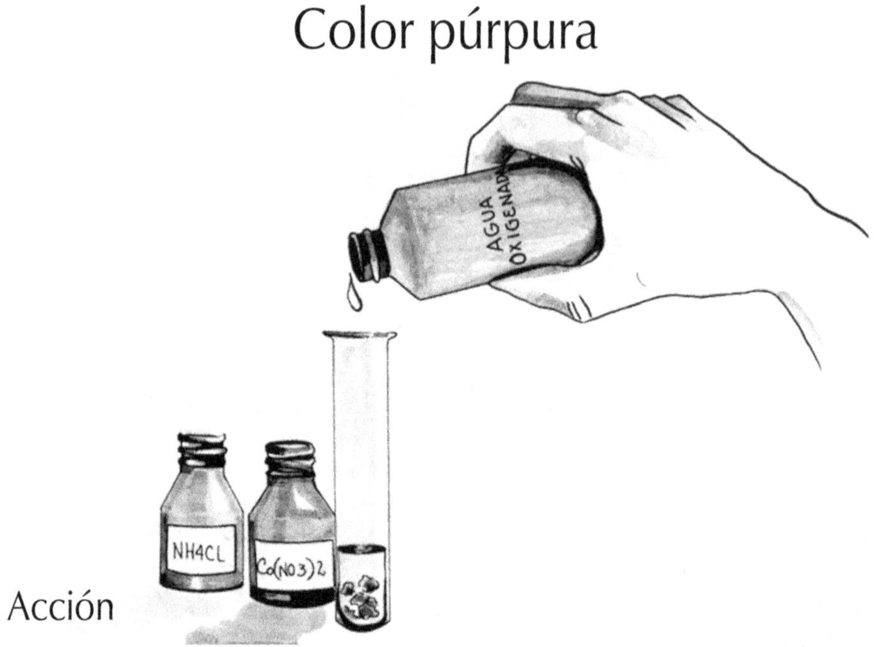

Acción

Tres sustancias que al mezclarse producen un precipitado púrpura.

Sustancias

Nitrato de cobalto, más cloruro de amonio, más agua oxigenada.

$$Co(NO_3)_2 + NH_4Cl + H_2O_2$$

Procedimiento

En un tubo de ensayo mezcle soluciones concentradas de nitrato de cobalto con el cloruro de amonio y agregue gota a gota el agua oxigenada hasta producir el color púrpura.

Color amarillo

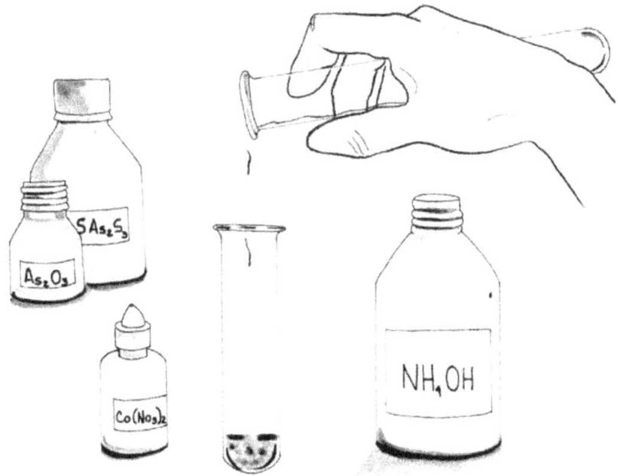

Acción

Presentar varias reacciones que producen precipitados y soluciones de color amarillo.

Sustancias

a. Nitrato de cobalto + hidróxido de amonio
$$Co(No_3)_2 + NH_4OH \longrightarrow$$

b. Nitrato plúmbico + yoduro de potasio
$$Pb(NO_3)_4 + KI \longrightarrow$$

c. Nitrato plúmbico + cromato de potasio
$$Pb(NO_3)_4 + KCrO_4 \longrightarrow$$

d. Oxido arsenioso + ácido sulfhídrico
$$As_2O_3 + H_2S \longrightarrow As_2S_3 +$$

e. Sulfato de cadmio + ácido sulfhídrico

$$CdSO_4 + H_2S \longrightarrow CdS +$$

Procedimiento

Utilizando tubos de ensayo prepare soluciones de cada una de las reacciones propuestas y obtenga precipitados y soluciones de color amarillo.

Color rojo

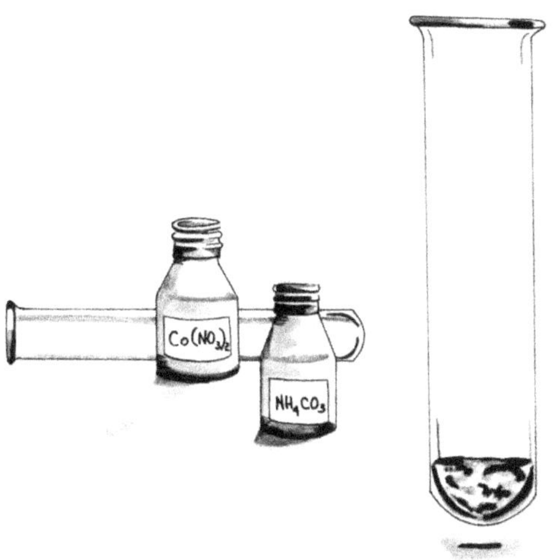

Acción

Presentar varias reacciones que producen precipitados de color rojo.

Sustancias

a. Nitrato de cobalto + carbonato de amonio.
   $$Co(NO_3)_2 + NH_4CO_3 \longrightarrow$$

b. Sal férrica (Fe^{+++}) + álcali $(OH)_n$

c. Sulfocianuro de potasio + sal férrica.
   $$KCNS + \text{sal férrica } (Fe^{+++}) \longrightarrow$$

d. Nitrato de plata + cromato de potasio.
   $$AgNO_3 + K_2CrO_4 \longrightarrow$$

e. Sulfato Cúprico más ferrocianuro de potasio.

$$CuSO_4 + K_4Fe(CN)_6 \longrightarrow$$

Procedimiento

Realice cada reacción propuesta según los reactivos con que cuente, haga soluciones concentradas y mezcle, obtendrá el color rojo.

Color blanco

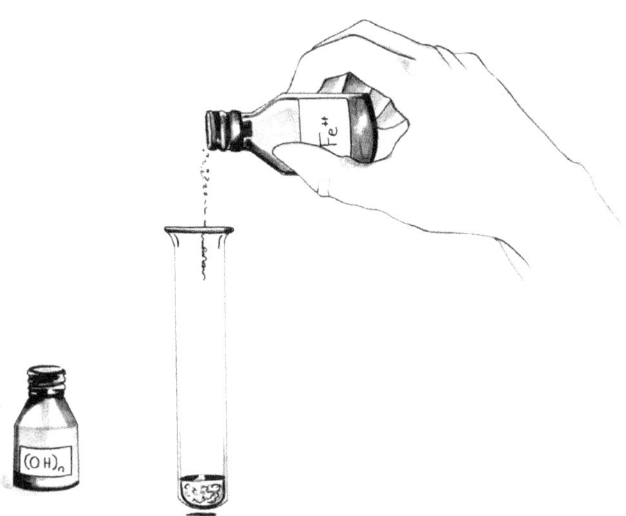

Acción

Presentar una reacción que produce precipitado blanco.

Sustancias

Sal Ferrosa (Fe^{++}) + álcali $Me(OH)_n$

Procedimiento

Haga una solución concentrada de la sal ferrosa con que cuente, agrégele un álcali como hidróxido de sodio NaOH, hidróxido de potasio KOH u otro hidróxido.

Color azul

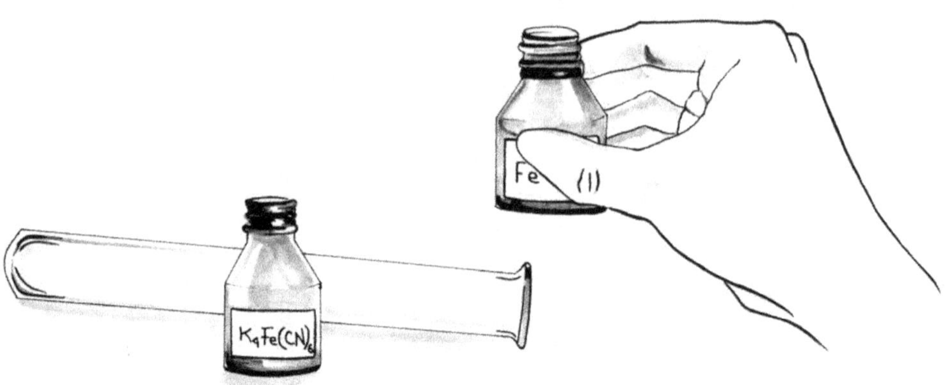

Acción

Producir un precipitado de color azul.

Sustancias

Ferrocianuro de Potasio + sal férrica
$$K_4Fe(CN)_6 + Fe^{+++} \longrightarrow$$

Procedimiento

Haga una solución de ferrocianuro de potasio, agregue una sal férrica. Se obtiene un precipitado azul intenso. Utilice tubos de ensayo y cantidades mínimas.

Color verde

Acción

Presentar varias reacciones que dan como resultado color verde.

Sustancias

a. Ácido sulfúrico + arsénito de potasio
$$H_2SO_4 + K_3A_sO_3 \longrightarrow$$

b. Sulfato de níquel + carbonato amonio
$$NiSO_4 + (NH_4)_2\, CO_3 \longrightarrow$$

c. Sulfato de níquel + cianuro de potasio
$$NiSO_4 + KCN \longrightarrow$$

d. Sulfato de níquel + Hidróxido de potasio
$$NiSO_4 + KOH \longrightarrow$$

Procedimiento

Cada reacción produce un precipitado verde. Utilice tubos de ensayo y cantidades mínimas de reactivos en solución.

Color anaranjado

Acción

Mezclar dos sustancias que den un precipitado anaranjado.

Sustancias

Cloruro de antimonio + ácido sulfhídrico.
$$SbCl_3 + H_2S \longrightarrow$$

Procedimiento

Haga una solución de cloruro de antimonio, agregue el ácido sulf-hídrico; obtendrá un color anaranjado.

Reacción tricolor

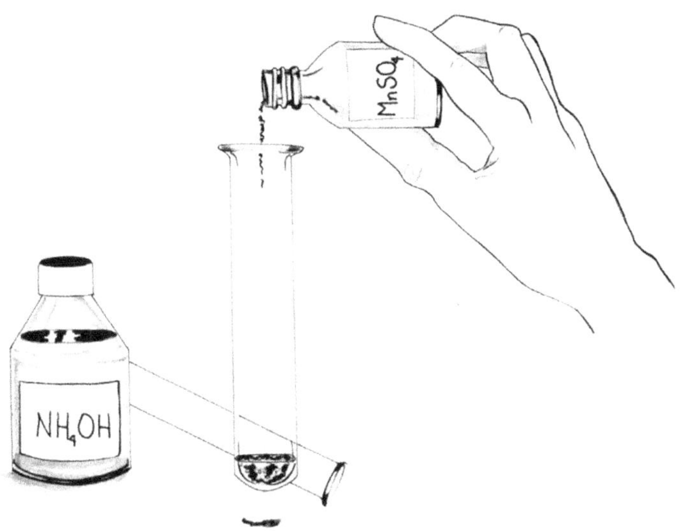

Acción

Presentar una reacción que primero es de color blanco, luego verde y por último rojo.

Sustancias

Sulfato de manganeso. Añada gota a gota el hidróxido de amonio.

$$MnSO_4 + NH_4OH \longrightarrow$$

Procedimiento

Se hace una disolución de sulfato de manganeso y se añade gota a gota el hidróxido de amonio sin agitar el tubo de ensayo, si se agita se vuelve verde, y si se añade más hidróxido de amonio se vuelve rojo.

Colores complementarios

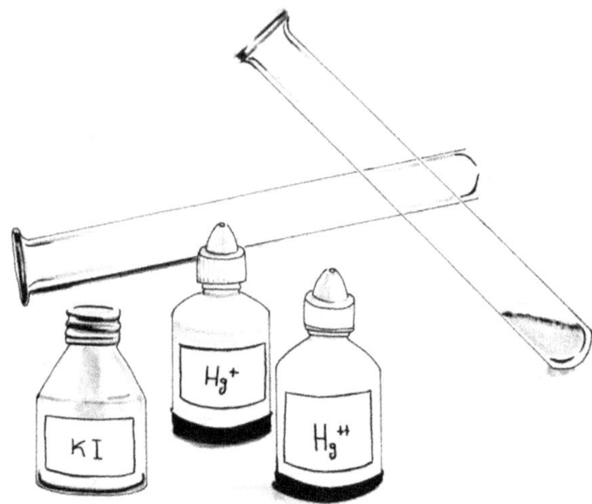

Acción

Demostrar que las sales del mercurio producen colores diferentes, según la valencia con que trabajan: verde para la menor valencia, rojo para la mayor valencia.

Sustancias

Sales mercuriosas, sales mercúricas, yoduro de potasio.

$$Hg^+ + KI \longrightarrow verde$$

$$Hg^{++} + KI \longrightarrow rojo$$

Procedimiento

Utilizando una sal mercuriosa y yoduro de potasio da una coloración verde. Una solución de una sal mercúrica, más una solución de yoduro de potasio da una coloración roja. Estos colores son complementarios.

Reacción bicolor blanco y azul

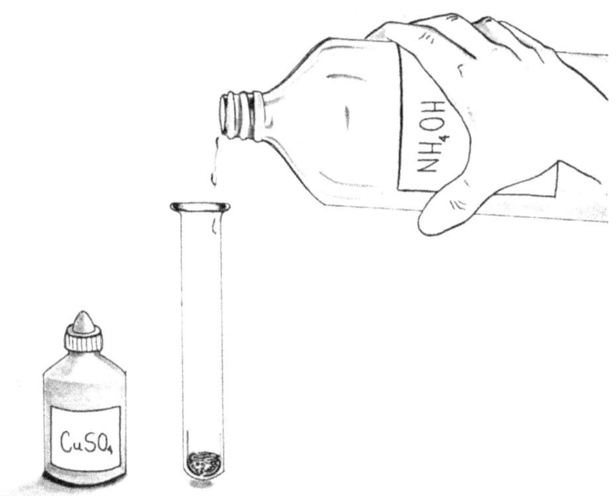

Acción

Se mezclan dos sustancias: en primer lugar da coloración blanca luego se vuelve azul.

Sustancias

Sulfato cúprico + hidróxido de amonio.
$$CuSO_4 + NH_4OH \longrightarrow$$

Procedimiento

Se prepara una solución concentrada de sulfato cúprico y se añade el hidróxido de amonio sin agitar; se produce un precipitado lechoso, en exceso de hidróxido de amonio da un precipitado azul.

Separación de mezclas

n los comienzos de la química se trató de encontrar de qué estaban hechas las sustancias y se recurrió a la filtración, la decantación, la lexiviación, la destilación y la separación magnética entre otras que son formas físicas de separación de mezclas, veamos algunos casos especiales.

Separación del cloruro de sodio y el mármol pulverizado

Acción

Separar dos sólidos mezclados teniendo en cuenta su solubilidad.

Sustancias

Cloruro de sodio NaCl, polvo de mármol, agua.

Materiales

Papel filtro, embudo, vaso de precipitado.

Procedimiento

Se pulveriza el mármol y se mezcla con el cloruro de sodio. Por ser soluble en agua, la sal se separa por medio de un papel de filtro, el filtrado se somete al fuego para evaporar el agua y así se obtiene la sal sólida, el mármol queda retenido en el papel de filtro.

¿Por qué?

La sal es soluble en agua y atraviesa el papel de filtro, el mármol es insoluble y queda retenido en el papel de filtro.

Separación del mármol y el azufre

Acción

Separar estos dos sólidos mezclados por filtración.

Sustancias

Mármol pulverizado $CaCO_3$ azufre (S) y disulfuro de carbono CS_2.

Materiales

Papel de filtro, embudo, vaso de precipitados.

Procedimiento

Se trata la mezcla de mármol y azufre con disulfuro de carbono, el azufre se disuelve en este líquido y puede ser filtrado, quedando retenido el mármol en el papel de filtro, el disulfuro de carbono es una sustancia muy volátil por lo que al final queda el azufre únicamente.

¿Por qué?

El azufre es soluble en el disulfuro de carbono, el mármol no.

Variación

Este método también se emplea para separar una mezcla de manteca y harina (fécula) con disulfuro de carbono, la fécula no se disuelve.

¿Por qué?

Separación del mármol y la arena

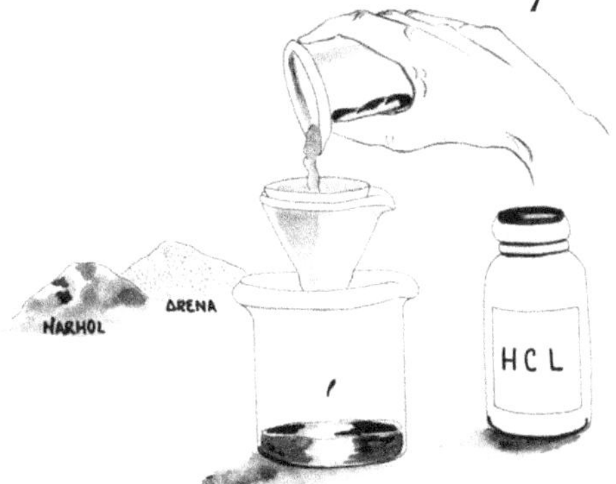

Acción

Separar el mármol y la arena de la mezcla que forman.

Sustancias

Mármol, arena, ácido clorhídrico (HCl).

Materiales

Papel de filtro, embudo, vaso de precipitación.

Procedimiento

Se disuelve la mezcla en ácido clorhídrico y se forman dos fases: una sólida y una líquida, las que se separan por filtración, el mármol se disuelve en el ácido, la arena queda retenida en el papel de filtro.

¿Por qué?

Los carbonatos reaccionan con los ácidos produciendo CO_2 y H_2O y, una sal, y un carbonato.

Separación del azúcar y la sal

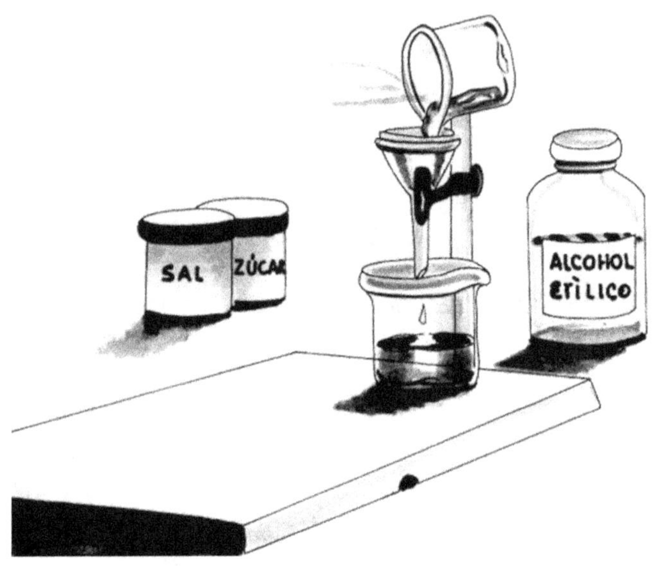

Acción

Separar el azúcar y la sal que se encuentran mezclados.

Sustancias

Azúcar ($C_{12}H_{22}O_{11}$), sal de cocina NaCl, alcohol etílico C_2H_5OH.

Materiales

Papel de filtro, embudo, vaso de precipitados, mechero, trípode, malla de asbesto.

Procedimiento

Se trata la mezcla con alcohol etílico hirviente y se filtra inmediatamente, la sal queda retenida en el papel filtro, el azúcar se disuelve.

¿Por qué?

El azúcar se disuelve en el alcohol hirviente, luego se deposita en el fondo y se separa por medio de decantación.

Separación de la arena y el yodo

Acción

Mezclar la arena y el yodo, separar estas dos sustancias.

Sustancias

Arena, yodo.

Materiales

Cápsula, mechero, vidrio de reloj.

Procedimiento

Se calienta la mezcla en una cápsula u otro recipiente, el yodo se sublima abandonando la mezcla, produciendo vapores violáceos.

¿Por qué?

El yodo pasa del estado sólido al estado gaseoso directamente (sublimación).

Cañones

on instrumentos utilizados para producir sonidos o lanzar proyectiles para presentaciones teatrales, siguiendo las instrucciones no se corre ningún peligro.

Cañón electroquímico

Acción

El efectuante muestra un tubo de vidrio el cual posee un corcho en cada extremo, uno de los cuales está provisto de una conexión a una pila de lámpara grande, al conectar se escucha una explosión.

Sustancias

Hidrógeno

Materiales

Un tubo de vidrio de 15 cm de longitud y 2 cm de diámetro abierto por ambos lados, un par de agujas de coser, un metro de cable No. 20, dos corchos, una pila o batería para lámpara de seis voltios, unas fibras de esponjilla de acero y un productor de hidrógeno (frasco con corcho provisto de un tubo de vidrio y manguera).

Procedimiento

1. *Productor de hidrógeno*
   Tome un frasco provisto de un tapón de caucho, el cual posee un agujero por donde se conecta un tubo de vidrio al que se une una manguera. El gas se produce haciendo reaccionar ácido clorhídrico (HCl) con granallas o láminas pequeñas de Zinc, este gas producido se recoge sobre agua; es decir, el recipiente que se quiere llenar de hidrógeno se llena primero de agua, el gas por ser liviano desplaza el agua.

2. Tome un tapón de caucho al que se le atraviesan las dos agujas con los ojos hacia la parte más delgada, e introduzca una fibra de esponjilla de acero entre los ojos de las agujas y con esta tape un extremo del tubo; hay que apretar muy bien, si es preciso se debe utilizar cinta para asegurar este tapón.

   Llene de agua el tubo, recoja el hidrógeno como se explicó anteriormente sin sacarlo del agua, se tapa con el otro tapón de caucho, no muy apretado, pero tratando de que no haya escape del hidrógeno.

   Conecte los cables a la pila, se produce un corto, el gas explota se oye un sonido y el corcho sale despedido con fuerza. Para mayor seguridad se puede utilizar un soporte universal y colocar sobre éste el tubo que contiene el hidrógeno.

¿Por qué?

El hidrógeno es un combustible y al producirse el corto circuito se produce la explosión.

Precauciones

Debido a la alta inflamabilidad del hidrógeno, éste debe producirse donde no haya fuego o chispas.

El corcho que lleva las agujas debe estar muy bien ajustado y el otro más bien flojo. La explosión es bastante sonora.

Cañón químico

Acción

Se presenta un tubo de ensayo grande con una sustancia blanca y efervescente. Al cabo de un momento el corcho sale despedido produciendo una detonación.

Sustancias

10 g de carbonato de sodio o de potasio y 10 ml de un ácido débil como ácido acético (vinagre) o jugo de limón.

Materiales

Tubo de ensayo con
tapón de caucho,
soporte metálico, pinzas.

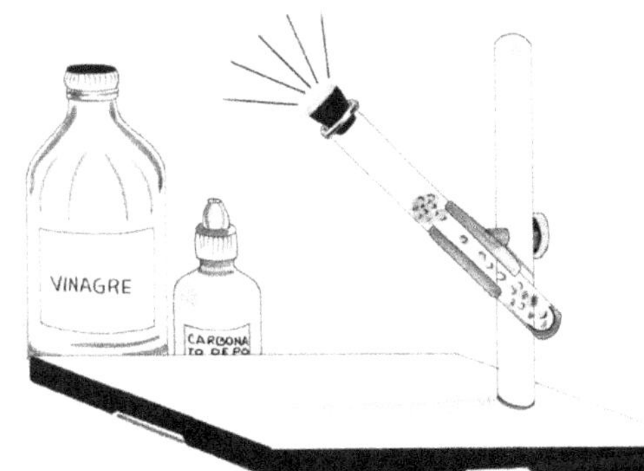

Procedimiento

Coloque el carbonato en un tubo de ensayo, agregue el ácido, y tape, al cabo de un instante se produce la explosión, elabore un montaje como el de la figura.

¿Por qué?

Los carbonatos reaccionan con los ácidos produciendo dióxido de carbono CO_2, aumenta la presión dentro del tubo y se produce la explosión, esto depende de la presión que se haya hecho en el tapón.

Cañón de guadua

Acción

Un cañón de guadua, 1,20 m de longitud, se enciende con una antorcha y éste
explota.

Sustancias

Gasolina.

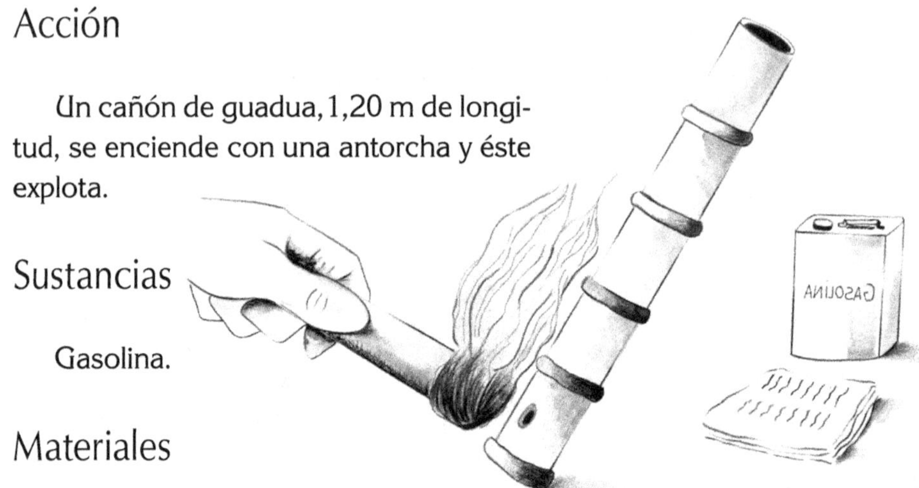

Materiales

Guadua de 1,20 m varilla metálica, taladro o villamarquín, tapón
de papel, antorcha.

Procedimiento

Perfore interiormente los entrenudos de la guadua a excepción del
último. En el último entrenudo a unos diez o doce centímetros de la
base practique un orificio de un cuarto de pulgada. Ponga la gasolina,
por el orificio, sople varias veces y posteriormente acerque una antorcha
encendida y se producirá una explosión.

¿Por qué?

Al gasificar la gasolina forma una mezcla explosiva.

Explosión del algodón pólvora

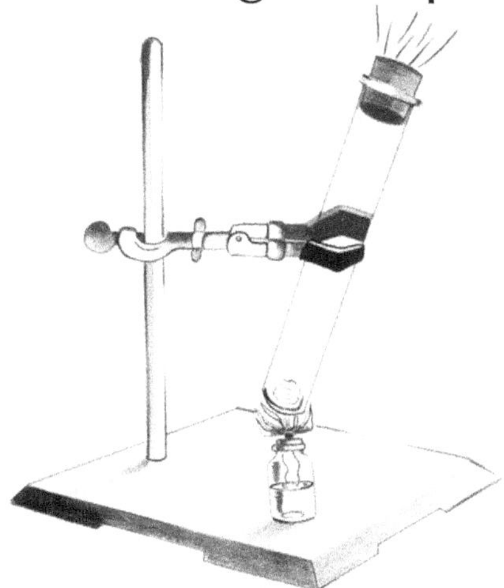

Acción

Un tubo de ensayo, el cual tiene en su interior una mota de algodón, a su vez selledo con un tapón de caucho. Se calienta y el tapón sale disparado.

Sustancias

Algodón pólvora.

Materiales

Tubo de ensayo con tapón, soporte universal, pinzas, mechero.

Procedimiento

Tome un poco de algodón pólvora, con él forme una bolita compacta, introduzca en el tubo de ensayo y tape, coloque este tubo en un soporte universal y caliente con un mechero, después de un momento el tapón sale disparado (Ver *fuego en la mano*).

¿Por qué?

El algodón pólvora se descompone produciendo gases, los cuales aumentan la presión dentro del tubo, disparando el tapón.

Advertencia

El algodón pólvora se produce introduciendo algodón corriente en una mezcla sulfonítrica, se lava y se seca.

Fuegos instantáneos

xisten muchas formas de obtener fuego en el laboratorio, utilizando reactivos oxidantes y reductores, o reacciones exotérmicas, aquellas que liberan calor. Veamos algunos casos:

Fuego espontáneo

Acción

Se toma un pedazo de un sólido, se lo deposita en una cápsula y se lo espolvorea con un polvo metálico, éste se incendia.

Sustancias

Un pedazo de fósforo blanco del tamaño de una lenteja y un poco de yodo metálico pulverizado.

Materiales

Cápsula de porcelana, pinzas, papel de filtro.

Procedimiento

Con mucho cuidado saque un pedazo de fósforo blanco con unas pinzas metálicas, corte bajo agua, y séquelo con un papel de filtro, al espolvorear yodo metálico se prende.

¿Por qué?

El fósforo es una sustancia muy inflamable en presencia de un catalizador como el yodo, se incendia.

Precauciones

No coja el fósforo directamente con la mano, produce quemaduras de difícil curación, debe evitar el contacto con la ropa.

Fuego con gas

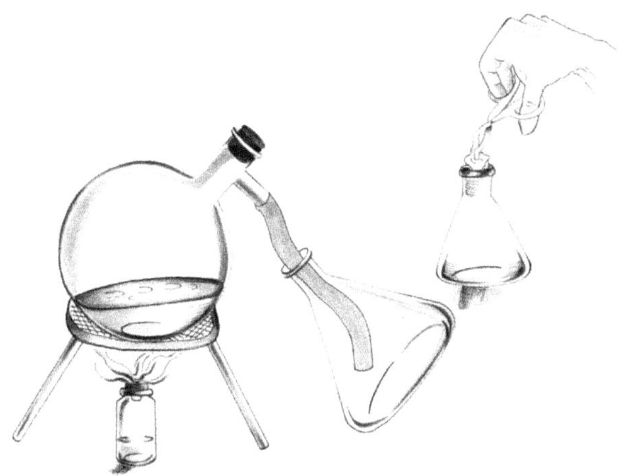

Acción

Sobre un frasco que contiene un gas verdoso se deja caer una estopa húmeda y ésta arde en el fondo.

Sustancias

Trementina ($C_{10}H_{16}$), estopa, dióxido de manganeso (MnO_2), ácido clorhídrico (HCl).

Materiales

Balón de destilación con tapón de caucho, manguera, pinzas, mechero, trípode, malla de asbesto, erlenmeyer.

Procedimiento

En un balón de destilación coloque el dióxido de manganeso y agregue ácido clorhídrico hasta que tape el sólido, al calentar se produce un gas verdoso de olor característico, picante, más pesado que el aire. Recoja en un erlenmeyer y tape.

Al dejar caer una estopa humedecida en trementina ésta arde.

¿Por qué?

El cloro es un comburente, además es un agente oxidante haciendo que la estopa arda en su seno.

Líquido de fuego

Acción

Sobre un polvo amarillento se deja caer una gota de un líquido transparente y al instante se produce fuego con liberación de bastante calor.

Sustancias

1 g de clorato de potasio ($KClO_3$),
1 g de azúcar pulverizado
($C_{12}H_{22}O_{11}$), 1 gota de ácido
sulfúrico (H_2SO_4).

Materiales

Cápsula, pipeta, mortero, espátula.

Procedimiento

Pulverice las sustancias por aparte, luego mezcle.

Deje caer una gota de ácido sulfúrico y al instante se incendia produciendo una llama blanca violácea.

¿Por qué?

El ácido sulfúrico ataca el azúcar originando suficiente calor, y el oxígeno producido por el clorato ataca al azufre que es combustible.

Precauciones

No pulverice todas las sustancias al tiempo, puede producirse una explosión. Pulverice cada sustancia por aparte.

Gas que enciende un sólido

Acción

Se deja caer un sólido en un frasco que contiene un gas verdoso y éste se prende.

Sustancias

Cloro gaseoso (Cl_2), fósforo blanco del tamaño de una lenteja.

Materiales

Un frasco.

Procedimiento

En un frasco con cloro se deja caer un pedazo de fósforo blanco, y éste se incendia.

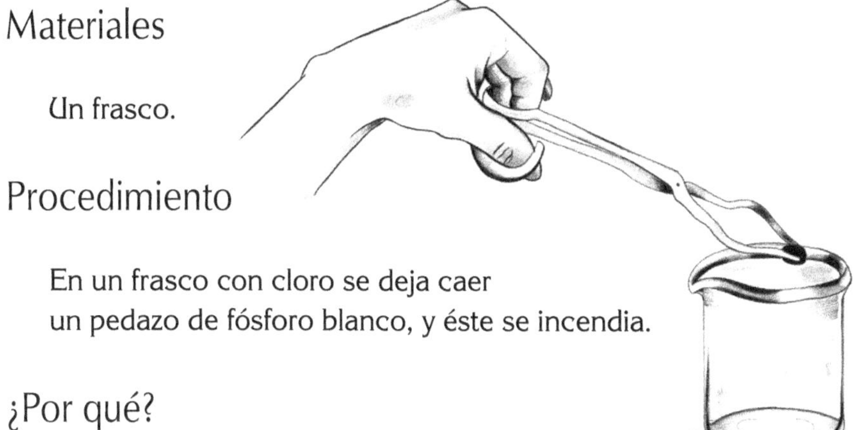

¿Por qué?

El fósforo es una sustancia inflamable, en contacto con el cloro se oxida incendiándose.

Precauciones

Hay que tener especial cuidado con el fósforo.

Autocombustión

Acción

Se presenta un papel el cual de un momento a otro se incendia.

Sustancias

Fósforo blanco, disulfuro de carbono (CS_2), papel de filtro.

Materiales

Vaso de precipitado, pinzas.

Procedimiento

Tome un pedazo de fósforo blanco, disuélvalo en disulfuro de carbono, sumerja en esta solución un pedazo de papel. El disulfuro se volatiliza quedando el fósforo en estado de íntima división adherido al papel, el cual se prende con el oxígeno del aire.

¿Por qué?

El fósforo en el estado de íntima división se oxida fácilmente con el oxígeno del aire.

Precauciones

No deje caer esta solución sobre la piel o la ropa, esta sustancia es en extremo combustible, el sobrante arrójelo a la cañería.

Fuego púrpura

Acción

Al dejar caer una gota de agua sobre una mezcla sólida en un crisol, ésta se prende produciendo vapores violáceos.

Sustancias

Cuator partes de yodo metálico (I_2) pulverizado, una parte de aluminio en polvo (Al), una gota de agua.

Materiales

Un crisol y una pipeta.

Procedimiento

Pulverice las sustancias por aparte,
luego mezcle, al dejar caer una gota de agua,
se produce una reacción exotérmica.

¿Por qué?

El agua es un catalizador e inicia una reacción.

Variación

En vez de aluminio pulverizado puede utilizar zinc pulverizado en la misma proporción.

Varilla mágica

Acción

Con una varilla de vidrio se toca un mechero de alcohol y éste se prende.

Sustancias

1 g de permanganato de potasio ($KMnO_4$), ácido sulfúrico (H_2SO_4) concentrado.

Materiales

Mechero de alcohol, varilla de vidrio.

Procedimiento

En un crisol coloque el permanganato de potasio, luego moje la varilla en ácido sulfúrico concentrado y llevéla al permanganato rebullendo, con esta mezcla toque el pavilo del mechero de alcohol que debe estar humedecido, al instante se prende.

¿Por qué?

El permanganato de potasio es un agente oxidante, el ácido sulfúrico produce el calor necesario para encender el pavilo mojado en alcohol.

Variación

Se puede mezclar el permanganato de potasio con ácido sulfúrico en pequeñas cantidades en un vaso de precipitados, y deje caer una gota de alcohol, se producen llamas hasta de 15 cm de altura.

Precauciones

Al adicionar el alcohol se debe estar lo suficientemente retirado.

Producción de ozono

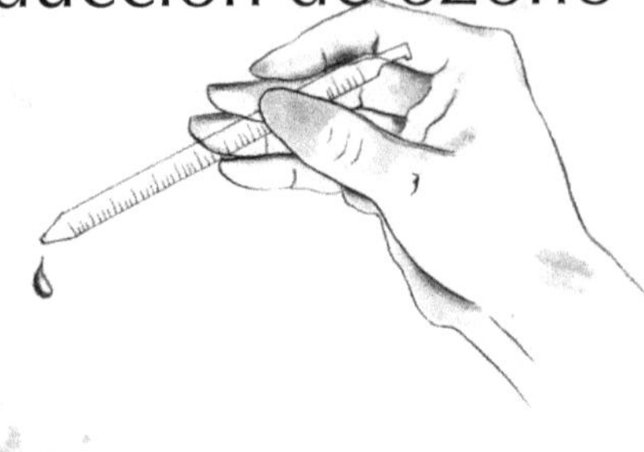

Acción

Deje caer una gota de un líquido viscoso sobre una sustancia sólida, ésta se enciende produciendo fuegos violáceos y desprendiendo ozono.

Sustancias

5 g de permanganato de potasio y una gota de glicerina.

Materiales

Pipeta

Procedimiento

Sobre un montoncito de permanganato de potasio pulverizado agregue una gota de glicerina (propano triol), éste se enciende.

¿Por qué?

El permanganato es un agente oxidante, oxida la glicerina, el fuego es de color violáceo debido a la presencia del potasio.

Líquidos que arden

Acción

En un un vaso que contiene un líquido, deje caer una gota de otro líquido, produce fuego al instante.

Sustancias

5 ml de ácido nítrico (HNO_3) concentrado, 5 ml de ácido sulfúrico (H_2SO_4) concentrado (mezcla nitrosulfónica), y una gota de trementina ($C_{10}H_{16}$).

Materiales

Vaso de precipitado, pipeta.

Procedimiento

Mezcle el ácido nítrico y el ácido sulfúrico concentrados en un vaso de precipitado de 250 ml, deje caer una gota de trementina, al entrar ésta en contacto con la mezcla nitrosulfónica, arde produciendo vapores rojos.

¿Por qué?

La trementina es combustible, al entrar en contacto con la mezcla nitrosulfónica se produce el calor necesario para encenderla.

Fuego con alcohol

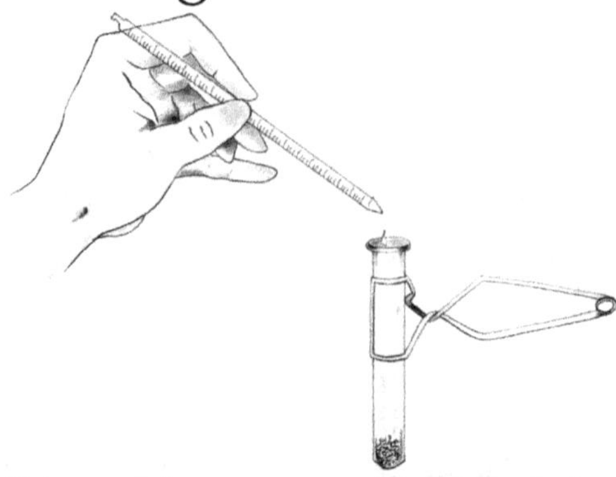

Acción

Sobre un sólido se deja caer una gota de alcohol y ésta se incendia.

Sustancias

5 g de óxido crómico (CrO_3), 1 gota de alcohol.

Materiales

Cápsula, pinzas, pipeta.

Procedimiento

En un tubo de ensayo seco coloque el óxido crómico (CrO_3) y caliente para que haya desprendimiento de oxígeno y se produzca el Cr_2O_3 esta sustancia en contacto con el alcohol se incendia.

¿Por qué?

El Cr_2O_3 es un agente oxidante, produce el oxígeno necesario y enciende el alcohol.

Fuego con agua

Acción

Sobre un montoncito de sólido pulverizado deje caer una gota de agua, se produce una reacción de fuego y humo.

Sustancias

Cinco partes de aluminio en polvo y 1 parte de peróxido de sodio (Na_2O_2)

Materiales

Crisol, pipeta.

Procedimiento

Sobre el aluminio pulverizado espolvoree el peróxido de sodio, luego agregue una gota de agua, se producirá la reacción.

¿Por qué?

El peróxido de sodio reacciona violentamente con el agua, desprendiendo oxígeno oxidando el aluminio.

Precauciones

El peróxido de sodio es de difícil manejo, utilice cantidades pequeñas, evite el contacto con el agua.

Variación

Sobre viruta de madera humedecida con gasolina espolvoreé el peróxido de sodio, al echar agua con los dedos la viruta se encenderá.

Fuego con polvos

Acción

Sobre una estopa húmeda se deja caer polvos y se produce una llama.

Sustancias

Algodón empapado en metanol (CH_3OH) y óxido de platino.

Materiales

Espátula.

Procedimiento

Humedezca un poco de algodón con alcohol metílico y sobre éste espolvoree el óxido de platino, la estopa se prende.

Fuego en la mano

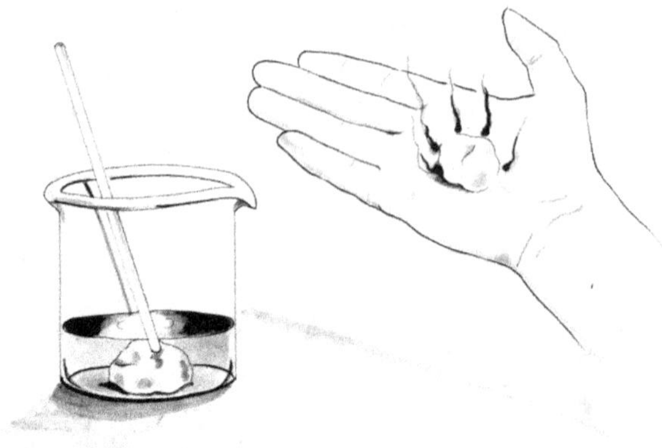

Acción

Coloque un material
orgánico en la mano y
enciéndalo. Éste arde sin
que se sienta el calor.

Sustancias

Una mota grande de algodón, una parte de ácido sulfúrico (H_2SO_4)
concentrado y tres en peso de ácido nítrico (HNO_3) concentrado,
agua.

Materiales

Vaso de precipitados grande, varilla de vidrio.

Procedimiento

Mezcle el ácido sulfúrico y el ácido nítrico en un vaso de precipitados, agregue el algodón de tal manera que quede bien empapado, con una varilla de vidrio se revuelve para que la nitración se lleve a cabo en toda la celulosa del algodón, durante 24 horas o más si es preciso revolviendo de vez en cuando, luego se lava con abundante agua y se deja secar al aire, tiene un aspecto sedoso y no pierde la apariencia del algodón.

¿Por qué?

El algodón pólvora como se le conoce arde sin ceniza ni humo y tan rápido que no se siente el calor.

Precauciones

Evite el aumento de la temperatura, ya que el algodón puede incendiarse. Utilice como refrigerante, hielo, para que la reacción sea lenta.

Lluvia de fuego

Acción

En la oscuridad de un tubo de ensayo se deja caer un polvo de color negro, el cual al contacto con el aire se incendia produciendo luces rojas.

Sustancias

6 g de
oxalato ferroso.

$$\begin{array}{c} C\text{-}OO \\ | \\ C\text{-}OO \end{array}\!\!\searrow Fe$$

Materiales

Tubo de ensayo
con tapón de caucho.

Procedimiento

En un tubo de ensayo grande calcine el oxalato ferroso que es de color amarillo pálido hasta que se vuelva completamente negro y tape con un tapón de caucho, solo se destapa en el momento de la presentación y en la oscuridad, espolvoreando el contenido del tubo, tratando de que no entre en contacto ni con la piel ni con la ropa.

¿Por qué?

Al calcinar el oxalato ferroso se produce carbono en estado de íntima división y reacciona con el oxígeno del aire; la coloración roja se produce por el hierro.

Velas romanas

Acción

Al encender unos cilindros de papel, producen luces de diferentes colores.

Sustancias

Color blanco

Siete partes de nitrato de potasio KNO_3, uno parte de sulfato de antimonio $Sb_2(SO_4)_3$ y una de azufre (S).

Color rojo

Cuatro partes de nitrato de estroncio $Sr(NO_3)_2$, cuatro de clorato de potasio $KClO_3$, dos de carbón de madera C y una de azufre (S).

Color verde

Doce partes de nitrato de bario $Ba(NO_3)_2$, tres de clorato de potasio $KClO_3$ y dos de azufre (S).

Color amarillo

Seis partes de clorato de potasio $KClO_3$, dos de oxalato de sodio $C_2O_4Na_2$, dos de carbón vegetal, 1 de azufre (S).

Color púrpura

Una de sulfato cúprico $CuSO_4$, una de azufre (S) y una de clorato de potasio $KClO_3$.

Color azul

Ocho partes de clorato de potasio $KClO_3$, dos de sulfuro de cobre CuS, cuatro de azufre (S), dos de clorato mercurioso, una de óxido cúprico CuO y una de carbón vegetal C.

Materiales

Papel periódico, mortero, espátula varilla metálica, pegante, vara de madera.

Procedimiento

En una vara de madera envuelva papel periódico y forme cilindros de 25 a 30 cm de largo y 15 cm de diámetro, asegure con pegante y cierre un extremo del cilindro; agregue cada una de las mezclas anteriores y por separado, teniendo en cuenta de apretarla con una varilla metálica. Encienda con un tizón.

¿Por qué?

Este es el principio de la pirotecnia.

Mano de fuego

Acción

En la mano del demostrador o de un participante se coloca una sustancia líquida, se prende fuego y no se siente el calor.

Sustancias

Tres volúmenes de disulfuro de carbono (CS2) y dos volúmenes de tetracloruro de carbono (CCl_4).

Materiales

Vaso de precipitados, pipeta.

Procedimiento

Se mezclan las dos sustancias: el disulfuro y el tetracloruro de carbono y la prueba queda lista, para probar la mezcla, empapar un pañuelo y prenderle fuego, éste arde pero el pañuelo no se quema.

¿Por qué?

Las sustancias empleadas son tan volátiles que se oxidan fácilmente pero en la parte inferior no producen calor. Evite que el líquido moje el dorso de la mano.

Bengalas

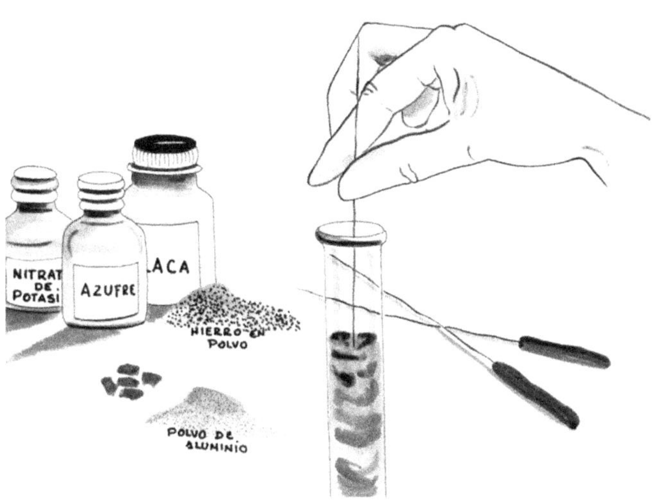

Acción

Se hace depositar una solución semisólida en un alambre varias veces hasta conseguir el grosor deseado, se deja secar y se enciende produciendo chispas.

Sustancias

Seis partes de nitrato de potasio (KNO_3), dos partes de azufre (S), cuatro de polvo de aluminio, dos de hierro en polvo, tres partes de carbón vegetal y 15 cm de laca transparente.

Materiales

Alambres de 15 cm de longitud, vaso de precipitados, tubos de ensayo.

Procedimiento

Pulverice cada una de las sustancias por aparte, mezcle bien, agregue la laca u otro aglutinante como cola de carpintero o goma, revuelva muy bien y coloque la mezcla en un frasco delgado y profundo como un tubo de ensayo, meta los alambres varias veces dejándolos hasta alcanzar el grosor deseado, 2 mm aproximadamente, deje secar durante 24 horas.

¿Por qué?

Las sustancias
oxidantes al
reaccionar producen
destellos, máximo
cuando hay un
aglutinante.

Fuego con azúcar

Acción

Sobre un poco de azúcar se deja caer un líquido y el azúcar se enciende.

Sustancias

Azúcar ($C_{12}H_{22}O_{11}$), ácido clórico ($HClO_3$).

Materiales

Mortero, pipeta.

Procedimiento

Se pulveriza el azúcar y se hace un montoncito sobre el cual se deja caer una gota de ácido clórico utilizando una pipeta, el azúcar se enciende.

¿Por qué?

El ácido clórico es una sustancia oxidante, por lo tanto prende el azúcar.

Piedra loca

Acción

Una piedra fina redonda que cabe en una mano, al lanzarla contra el piso produce sonidos a manera de explosión.

Sustancias

Tres partes de clorato de potasio ($KClO_3$), una de azufre (S), cola de carpintero, laca o barniz y thinner.

Materiales

Recipiente plástico de fondo redondo, espátula de madera, mortero, piedras redondas y finas, no muy grandes.

Procedimiento

Pulverice los sólidos por aparte, luego mezcle y adicione la laca o cualquier aglutinante y el thinner hasta formar una pasta líquida, sumerja las piedras y colóquelas a secar 24 horas, en el pavimento las piedras producen explosiones hasta agotar el recubrimiento.

¿Por qué?

El azufre es combustible y el clorato es oxidante reaccionan violentamente.

Pólvora negra

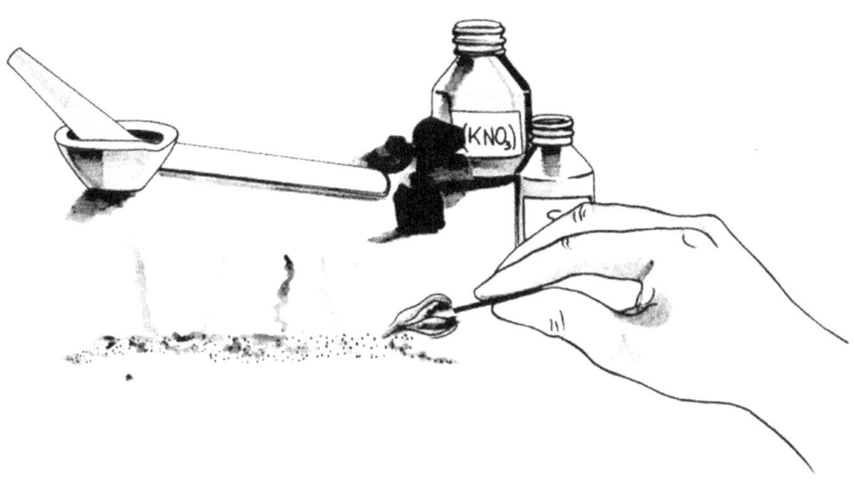

Acción

Sustancia sólida granulada de color negro que al encenderse produce fuego de color amarillo con desprendimiento de gran cantidad de humo.

Sustancias

78% de nitrato de potasio (KNO_3), 10% de azufre (S), 10% de carbón vegetal (C), 2% de azúcar ($C_{12}H_{22}O_{11}$).

Materiales

Mortero, espátula.

Procedimiento

Macere los reactivos cada uno por aparte y mezcle muy bien, haga un caminito y prenda en un extremo para determinar la velocidad de la reacción y el calor que produce.

¿Por qué?

Las moléculas se hallan en equilibrio químico inestable, capaz de cambiarse bruscamente en estado estable con gran desarrollo de calor.

Reacción explosiva

Acción

Se coloca un polvo, yde color amarillo en el piso de baldosa o pavimento, una moneda encima al rastrillar fuertemente con el tacón del zapato produce una explosión.

Sustancias

Tres partes de clorato de potasio ($KClO_3$) y una de azufre (S).

Materiales

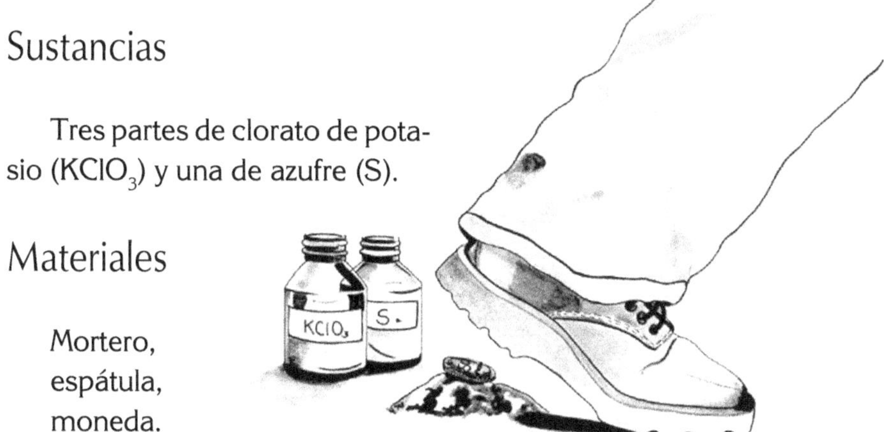

Mortero,
espátula,
moneda.

Procedimiento

Pulverice las sustancias
sólidas por aparte, luego mezcle
y coloque un montoncito en el pavimento con una moneda encima,
al rastrillarlo con el zapato contra el piso, explota.

¿Por qué?

El azufre es un combustible, el clorato de potasio suministra el oxígeno necesario para encenderlo.

Fósforos explosivos

Acción

Se presenta una caja de fósforos corriente, se le pide a un asistente que prenda uno, al rastrillarlo explota en vez de prender.

Sustancias

5 ml de cola de carpintero o cola picis disuelta, 3 g de fósforo rojo, 1g de clorato de potasio ($KClO_3$), 2 g de vidrio finamente molido.

Materiales

Mortero, martillo, un pedazo de tela, un vaso de precipitados, un agitador o varilla de vidrio, palillos limpia-dientes preferiblemente redondos.

Procedimiento

Pulverice el clorato de potasio en el mortero. En un pedazo de tela envuelva unos vidrios y macere con un martillo o una piedra, mezcle todos los sólidos con la cola de carpintero o cola picis en un vaso de precipitados, haciendo que la mezcla permanezca húmeda, si se solidifica agregue agua, introduzca los palillos en esta mezcla, hasta lograr formar la cabeza del fósforo.

¿Por qué?

El fósforo rojo y el clorato de potasio forman una mezcla explosiva, el fósforo es combustible y el clorato de potasio es oxidante.

Dulces explosivos

Acción

Se presentan unos dulces, los cuales al ser arrojados al piso explotan.

Sustancias

Una parte de fósforo rojo, una de clorato de potasio y agua.

Materiales

Cápsula, una espátula de madera, piedras pequeñas, papel de envoltura de dulces.

Procedimiento

Con mucho cuidado se mezclan el fósforo rojo, el clorato de potasio y el agua hasta formar una pasta homogénea y semilíquida sobre una piedra pequeña se coloca un poco de esta mezcla y se tapa con otra piedra, luego se envuelve en el papel de envoltura de dulces, se deja secar por 24 horas, y al ser lanzados contra el piso explotan.

¿Por qué?

Al mezclar las sustancias aumenta su superficie de contacto y como una sustancia es oxidante y la otra un combustible, se produce la explosión.

Precauciones

No almacene estos dulces, se corre el peligro de explosión aún en la mano; por lo tanto, manéjelos con cuidado. El conjunto debe ser del tamaño de un dulce.

Gases explosivos

Acción

Un frasco aparentemente vacío explota al contacto de la luz solar o al encender cinta de magnesio.

Sustancias

Cloro gaseoso (Cl_2), hidrógeno (H_2).

Materiales

Frasco de mayonesa provisto de un tapón de caucho, canastilla de alambre, productor de cloro, productor de hidrógeno, recipiente con agua, un pedazo de franela.

Procedimiento

Llene el frasco con agua, inviértalo sobre el recipiente con agua, recoja los gases, primero el hidrógeno, luego el cloro. Cuando el frasco parezca estar vacío, ciérrelo con el tapón de caucho, meta el frasco dentro de la canastilla de alambre y tape el conjunto con la franela evitando los rayos solares. En un sitio abierto y soleado destape la canastilla, los gases reaccionan con explosión.

¿Por qué?

La luz produce radicales libres de cloro, éstos atacan al hidrógeno, reaccionando violentamente.

Precauciones

Tome todas las medidas de seguridad cuando haga esta práctica. Evite la presencia de fuego o chispas que enciendan el hidrógeno.

Explosión con hidrógeno

Acción

Se presenta una botella envuelta en cinta transparente. Al encender un fósforo y arrimarlo a la boca de la botella, explota.

Sustancias

Hidrógeno

Materiales

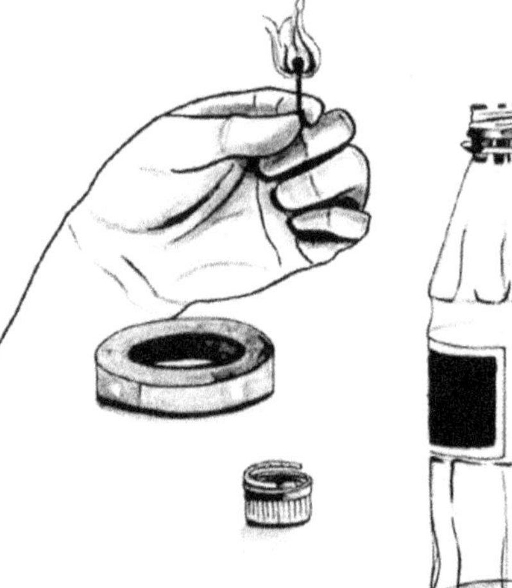

Una botella de gaseosa, cinta transparente.

Procedimiento

Llene una botella de hidrógeno siguiendo las instrucciones descritas en el caso del cañón (pág. 38), encienda un fósforo y el gas contenido en la botella explota.

¿Por qué?

El hidrógeno es combustible, con el aire forma una mezcla explosiva.

Explosiones con yodo

Acción

En el piso o en la mesa se colocan pedazos de papel café oscuro, los cuales al tocarlos con algo metálico o rastrillarlos contra el piso, explotan.

Sustancias

Cinco partes de yodo metálico, tres partes de yoduro de potasio (KI), una parte en volumen de hidróxido de amonio (NH_4OH).

Materiales

Papel de filtro, embudo de Buchner.

Procedimiento

Tome cinco partes de yodo metálico, mezcle con tres de yoduro de potasio, disuelva en poca agua. Agregue una parte en volumen de hidróxido de amonio y filtre en un embudo de Buchner. Extienda el sólido formado en el papel de filtro, recorte pedazos pequeños y deje secar por 24 horas.

¿Por qué?

En la reacción se produce triyoduro de nitrógeno, el cual es muy explosivo.

Precauciones

No aglomere o amontone papeles de triyoduro de nitrógeno porque al menor roce explotan.

Precauciones

Reacción a la mano

Acción

Se entregan dos sustancias sólidas a un asistente, éste las mezcla en la palma de su mano y al instante se percibe un olor fuerte.

Sustancias

2 g de cloruro de amonio (NH_4Cl),
2 g de óxido de calcio (CaO).

Materiales

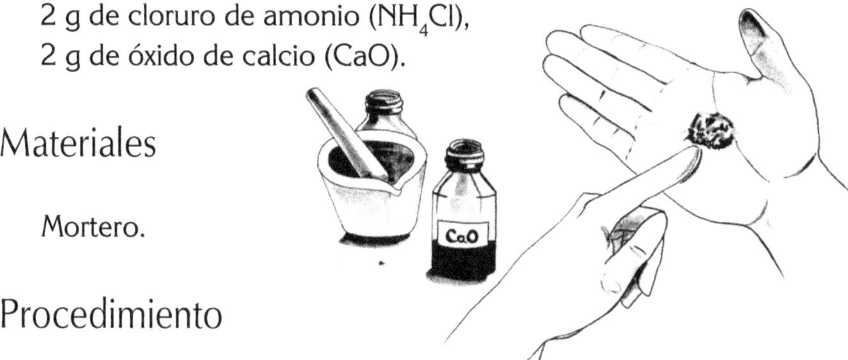

Mortero.

Procedimiento

Una vez pulverizadas las sustancias colóquelas en la mano, de un participante, haga que las mezcle utilizando un dedo de la otra mano al instante se percibe un olor fuerte a amoníaco.

¿Por qué?

Es una reacción para la obtención de amonio.

$$2NH_4Cl + CaO \longrightarrow CaCl_2 + H_2O + 2NH_3$$

Decoloración del permanganato de potasio

Acción

Sobre una solución de color violáceo se deja caer un sólido metálico, después de un momento ésta se decolora.

Sustancias

1 g de permanganato de Potasio ($KMnO_4$), 1 ml de agua, 2 ml de ácido sulfúrico (H_2SO_4), 1 g de zinc en polvo o pequeñas láminas.

Materiales

Vaso de precipitados.

Procedimiento

Forme una solución de permanganato de potasio, agregue el ácido sulfúrico, luego el zinc; se produce un gas y el color de la solución se torna transparente.

¿Por qué?

El ácido sulfúrico reacciona con el zinc produciendo hidrógeno naciente, en estado iónico éste reacciona con el oxígeno del permanganato para producir agua perdiendo éste su color.

Si el experimento se realiza con hidrógeno de un gasómetro la reacción no se lleva a cabo porque el hidrógeno es diatómico, es molecular.

Solidificación de líquidos

Acción

Se muestran dos soluciones en dos vasos de precipitados, se mezclan y al entrar en contacto precipita una bola consistente.

Sustancias

Una solución concentrada de nitrato de calcio ($Ca(NO_3)_2$), una solución diluida de carbonato de potasio (K_2CO_3).

Materiales

Un vaso de precipitados, una varilla de vidrio.

Procedimiento

Prepare una solución concentrada de nitrato de calcio y otra diluida de carbonato de potasio, con una varilla de vidrio mezcle, introduzca la mano y saque una bola que se muestra a los participantes.

¿Por qué?

Se produce una reacción de doble desplazamiento.

$$Ca\,(NO_3)_2 + K_2CO_3 \longrightarrow 2KNO_3 + CaCO_3$$

Volcán de Lemeri

Acción

En un frasco provisto de un tapón de caucho en el cual se ha introducido un tubo de vidrio terminado en punta, se coloca un sólido y se agrega agua caliente, al tapar se producen unos vapores.

Sustancias

32 g de azufre (S), 58 g de hierro (Fe) pulverizado, 25 ml de agua hirviendo.

Materiales

Frasco con tapón de caucho provisto de un agujero en el que se coloca un tuvo de vidrio, mechero, vaso de precipitados.

Procedimiento

Pulverice las sustancias sólidas, deposítelas en el frasco, adicione el agua hirviendo y tape, se producen unos vapores que salen por el tubo de vidrio.

¿Por qué?

Con el agua caliente reacciona el azufre y el hierro aumentando la presión dentro del frasco, según la reacción S + Fe ----> Fe S

Tallando el vidrio

Acción

Sobre un vidrio cubierto de cera haga dibujos con un punzón y colóquelos a la acción de unos vapores, el vidrio es atacado por una sustancia gaseosa quedando el dibujo marcado en él.

Sustancias

Cuatro partes de trementina, una de cera, fluoruro de calcio (CaF_2) ácido sulfúrico (H_2SO_4) concentrado.

Materiales

Una cubeta plástica, un vaso de precipitados, un punzón.

Procedimiento

Con la trementina y la cera (parafina) forme una pasta y con ésta cubra todo el vidrio, espere que solidifique y sobre ésta realice un dibujo utilizando un punzón para dejar al descubierto el vidrio. En la cubeta plástica mezcle el fluoruro de calcio y el ácido sulfúrico, coloque el vidrio con la cera hacia abajo a manera de tapa durante 24 horas al cabo de las cuales retira la parafina y aparecerá el dibujo marcado sobre el vidrio.

¿Por qué?

El ácido fluorhídrico producido ataca al vidrio.

$$CaF_2 + H_2SO_4 \longrightarrow CaSO_4 + 2HF$$

Fabricando cola de carpintero

Acción

Se presentan unas hojuelas de cola, la cual se utiliza como pegante.

Sustancias

Huesos divididos en porciones pequeñas, ácido clorhídrico diluído.

Materiales

Vaso de precipitados grande, agua.

Procedimiento

Sumerja los pedazos de hueso en el ácido clorhídrico diluído de tal forma que queden completamente tapados hasta que queden blandos, luego lave con abundante agua y cocine en agua, se formará una sustancia espesa, viértala sobre una superficie plana, deje enfriar y triture los pedazos del tamaño deseado.

¿Por qué?

El ácido reacciona con la parte mineral del hueso quedando la materia orgánica, la oseína, la cual se diluye en agua, forma la gelatina.

Vapores rojos

Acción

Al mezclar dos sustancias sólidas, una de color naranja y otra de color blanco, se agrega un líquido, se calienta y se producen hermosos vapores rojos.

Sustancias

5 g de dicromato de potasio ($K_2Cr_2O_7$), 5 g de cloruro de sodio (NaCl), 5 ml de ácido sulfúrico (H_2SO_4).

Materiales

Un tubo de ensayo, pinzas para tubo de ensayo, mechero.

Procedimiento

Mezcle en el tubo de ensayo los dos sólidos, agregue el ácido sulfúrico, enseguida caliente y se producen los vapores rojos.

¿Por qué?

Se produce el cloruro de cromilo que es un gas venenoso, no inhale sus vapores.

$$K_2Cr_2O_7 + 4NaCl + 3H_2SO_4 \longrightarrow K_2SO_4 + 2Na_2SO_4 + 3H_2O + 2CrCl_2$$

Púrpura de Cassius

Acción

Dos tubos con sustancias incoloras, al mezclarlas se produce el color púrpura.

Sustancias

Soluciones pequeñas de cloruro aúrico ($AuCl_3$), cloruro de estaño ($SnCl_2$), hidróxido de sodio (NaOH).

Materiales

Dos tubos
de ensayo.

Procedimiento

En el tubo A coloque 5 ml de agua, agregue unas gotas de cloruro aúrico. En el tubo B coloque 5 ml de agua, dos gotas de cloruro de estaño y dos gotas de una solución de hidróxido de sodio, mezcle estas soluciones.

¿Por qué?

Produce una reacción de intercambio iónico.

Lápices cosméticos

Acción

Se presentan barras de colores para pintarse la piel.

Sustancias

20 g de cera de abeja, 2 g de vaselina,
2 g de lanolina, diferentes colores
vegetales (cochinilla, azafrán).

Materiales

Vaso de precipitados, es-
pátula de madera, mechero,
empaques de papel, tamiz.

Procedimiento

Disuelva la cera de abejas y ciérnala en un tamiz delgado. Añada
la vaselina y la lanolina hasta obtener una consistencia blanda. Deje
enfriar para determinar su dureza. Agregue lanolina para ablandar, cera
de abejas para solidificar. Una vez hallado el punto separe la mezcla en
varios recipientes según los colores vegetales con que cuente.

¿Por qué?

Se forma una pasta grasosa semidura que se aprovecha como lápiz
de color, estilo pintalabios.

Alcohol sólido

Acción

Una pasta semisólida que al contacto con la llama arde.

Sustancias

60 g de ácido esteárico, 14 gramos de hidróxido de sodio (NaOH), 1 litro de alcohol desnaturalizado.

Materiales

Dos recipientes grandes, espátula de madera, mechero, moldes adecuados.

Procedimiento

En el recipiente A se disuelve el ácido esteárico en medio litro de alcohol desnaturalizado, en el recipiente B se disuelve el hidróxido de sodio en medio litro de alcohol, se calientan hasta una temperatura de 60°C. Se mezclan las dos soluciones, a medida que se enfrían se solidifican, vacíe en moldes según la necesidad.

¿Por qué?

Se forma un ester que le da la consistencia sólida.

Lápiz hemostático

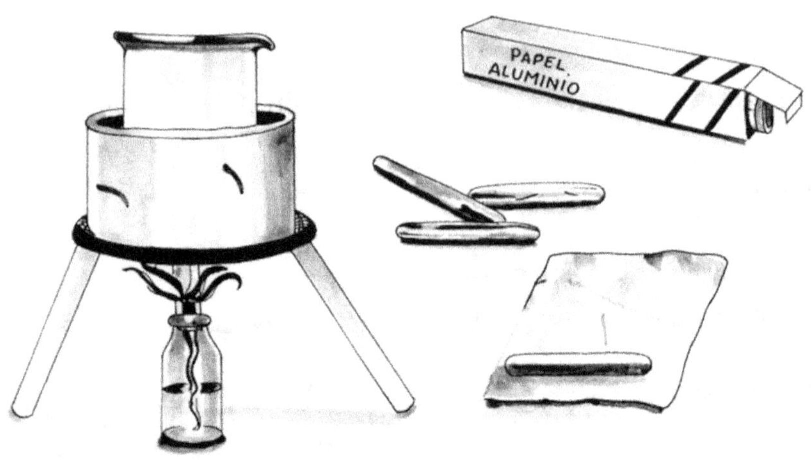

Acción

Un lápiz que acelera la coagulación de la sangre en casos de afeitada o depilada.

Sustancias

8 ml de glicerina neutra, 6 g de oxido de zinc, 400 g de alumbre $(KAl(SO_4)_2)$, 160 g de borax, 4 ml de formol, 3 ml de alcohol antiséptico.

Materiales

Vasija de aluminio, espátula de madera, mechero, baño maría, papel aluminio.

Procedimiento

En una vasija de aluminio se mezclan la glicerina y el óxido de zinc hasta formar una masa homogénea, se añade el alumbre y el bórax, todo muy bien pulverizado, se calienta al baño maría hasta que se funda la mezcla, se sigue calentando por espacio de 5 ó 6 minutos, luego se añade el formol y el alcohol y queda listo para empacar en moldes de papel de aluminio.

¿Por qué?

Durante mucho tiempo el alumbre ha sido utilizado como anti-coagulante, el alcohol es antiséptico y las otras sustancias producen la solidificación del lápiz hemostático.

Soldando el hierro

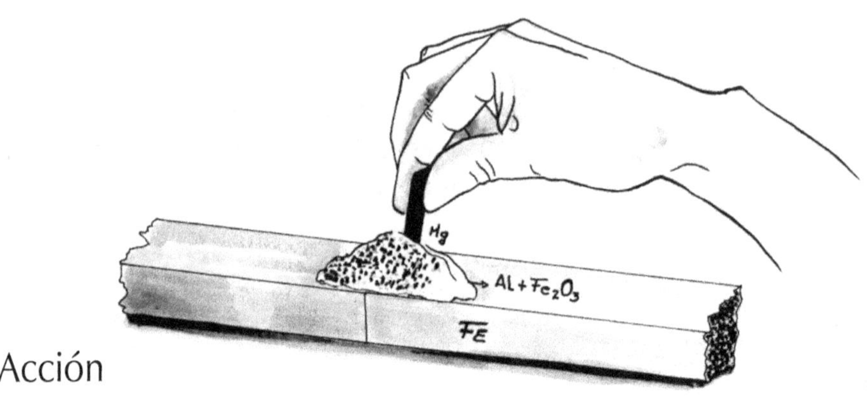

Acción

Se juntan dos pedazos de hierro y sobre ellos se coloca un sólido en polvo, como consecuencia, el hierro solda.

Sustancias

3 g de aluminio en polvo, 4 g de óxido férrico y una cinta de magnesio.

Procedimiento

Junte los pedazos de hierro a soldar, sobre la unión coloque la mezcla de aluminio y óxido férrico. Haga un montoncito y ponga una cinta de magnesio, la cual se prende al igual que la mezcla.

¿Por qué?

Esta reacción produce un calor tan elevado que derrite el hierro debido a que el oxígeno del óxido reacciona con el aluminio y el hierro, fundiéndolos.

Sublimación del ácido benzóico

Acción

En un vidrio de reloj coloque un sólido blanco, tape con papel de filtro y otro vidrio de reloj invertido caliente y el sólido atraviesa el papel filtro depositándose en el otro vidrio de reloj.

Sustancias

Ácido Benzóico

Materiales

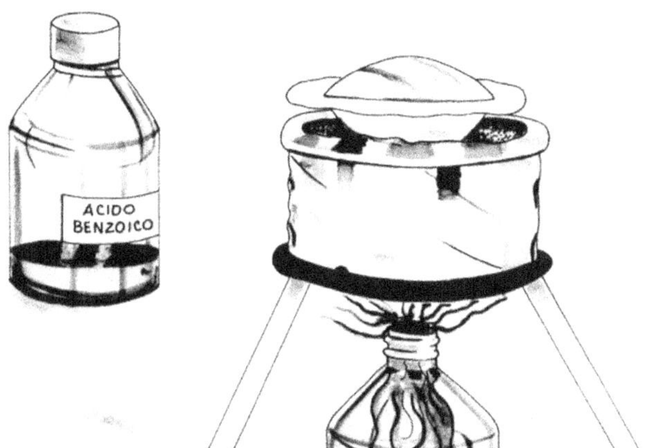

2 vidrios de reloj,
1 papel de filtro,
baño de arena.

Procedimiento

En un recipiente coloque
un poco de arena fina y sobre ésta
ponga el vidrio de reloj en el cual se coloca
el ácido benzóico tape con un papel de filtro, luego con otro vidrio de reloj invertido, al calentar el ácido benzóico se sublima.

¿Por qué?

Al sublimarse el ácido benzóico produce gases volátiles que atraviesan el papel de filtro y se depositan en el segundo vidrio de reloj.

Cambio de color

Acción

Un tubo de ensayo que posee una solución amarilla, adicione un líquido incoloro y se vuelve azul.

Sustancias

Solución de cromato de potasio, ácido sulfúrico y eter etílico, agua oxigenada y ácido sulfúrico.

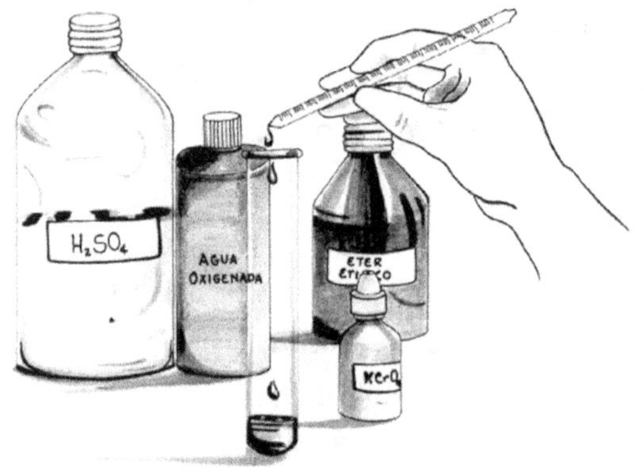

Materiales

Tubos de ensayo, pipeta.

Procedimiento

En un tubo de ensayo prepare una solución diluida de cromato de potasio, agua, ácido sulfúrico y eter etílico, mezcle bien la solución, al adicionar una o más gotas de agua oxigenada se produce una coloración azul.

¿Por qué?

Es una reacción que permite reconocer el agua oxigenada, el eter etílico mantiene el color.

Ambientador sólido

Acción

Se presentan unas pastillas sólidas que odorizan el ambiente.

Sustancias

100 ml de alcohol etílico (C_2H_5OH), 1.5 g de hidróxido de sodio (NaOH), 6 gramos de ácido esteárico ($CH_3 - (CH_2)_{16} COOH$), 1 ml de esencia de baya de enebro, 1 ml de esencia de romero, 1 ml de esencia de espliego, 8 ml de esencia de pino, 2 ml de esencia de limón.

Materiales

Dos recipientes, espátula de madera, mechero, moldes, cajas provistas de agujeros.

Procedimiento

Mezcle las esencias con alcohol y agregue el ácido esteárico en un recipiente. En otro recipiente mezcle la sosa cáustica en una porción de alcohol, caliente las dos soluciones a una misma temperatura, luego mezcle las dos soluciones y viértalas sobre los moldes, al cabo de algunos minutos se formarán las pastillas, las que se empacan en cajitas con agujeros por donde sale el aroma.

¿Por qué?

El alcohol en presencia de ácido esteárico y la sosa cáustica se solidifica, las esencias se van volatilizando con el alcohol.

Sonido al vacío

Acción

En un frasco de boca ancha coloque un plástico resistente, al presionar fuerte es absorbido y termina rompiéndose produciendo un sonido.

Sustancias

Alcohol,
fósforos.

Materiales

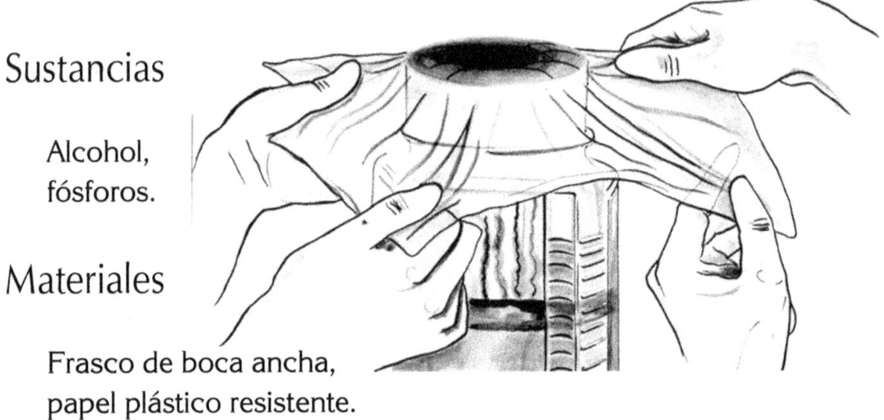

Frasco de boca ancha,
papel plástico resistente.

Procedimiento

En un frasco de boca ancha coloque un poco de alcohol, el cual se enciende, entre dos personas colocan un papel plástico resistente sobre la boca, produce una depresión y el papel termina rompiéndose, produciendo un sonido.

¿Por qué?

El calor aumenta la energía cinética de las moléculas de aire haciendo que éstas ocupen un mayor espacio, al terminar el fuego se produce un vacío.

Niquelado en caliente

Acción

Sumerja objetos metálicos limpios en una solución, hierva por algunos minutos, saque, frote con un paño suave y los objetos quedan niquelados.

Sustancias

Cianuro de potasio (KCN), ácido nítrico (HNO$_3$) cloruro de zinc (ZnCl$_2$), sulfato doble de amonio y níquel NiNH$_4$(SO$_4$)$_2$, pequeños trozos de zinc (Zn).

Materiales

Vaso de precipitados, pinzas, mechero.

Procedimiento

El objeto a niquelar lávelo primero en ácido nítrico diluido para retirarle la grasa, luego sumérjalo en una solución de cianuro de potasio, manejando el objeto con pinzas.

Posteriormente prepare por separado dos soluciones, una de cloruro de zinc y otra de sulfato doble de amonio y níquel, luego tome un volumen de la solución de cloruro de zinc y dos de la solución doble de amonio y níquel, introduzca los objetos en esta solución, hierva con pequeños trozos de zinc durante 15 minutos, saque el objeto, brille con un trapo suave para que aparezca el niquelado. Pula con pomada brillametal.

¿Por qué?

Se libera el níquel y se deposita sobre el objeto a niquelar.

Pomada screen

Acción

Esparza una pomada sobre un dibujo de un diario (suplemento de colores), coloque una tela encima y con una cuchara frote, el dibujo pasa a la tela.

Sustancias

20 gramos de jabón de lavar ropa, 10cc de gasolina, 5cc de agua.

Materiales

Recipiente metálico, espátula de madera, cuchara, diario, periódico de colores.

Procedimiento

En un recipiente metálico amase el jabón con el agua hasta que forme una pasta semilíquida homogénea, luego se agrega gasolina y se sigue revolviendo hasta formar una suspensión, esparza esta suspensión sobre una hoja de diario preferiblemente a colores, coloque una tela encima y con una cuchara frote la tela hasta que el dibujo se haga visible, se deja secar y se plancha. El estampado desaparece al lavar la prenda.

¿Por qué?

La gasolina disuelve la tinta de periódico y pasa a la tela, se volatiliza la gasolina y queda el estampado.

Encapsulados

Acción

Dentro de un material sólido transparente, se muestran objetos, encapsulados.

Sustancias

100 g de resina cristal preacelerada, 1 gramo (35 gotas) de catalizador (metil, etil cetona), cera o alcohol isopropílico, pomada de brillo.

Materiales

Objeto a encapsular: insectos, monedas, hojas y otros, thinner, espátula de madera, moldes flexibles como los de hacer helados, recipiente, lija fina.

Procedimiento

La resina cristal está formada por moléculas de monómero, en este caso el estireno, el cual se polimeriza al agregar el catalizador. Se alistan los moldes untándoles cera o alcohol isopropílico. Los moldes se pueden fabricar también con silicona.

Preparados los moldes, se vierte la resina hasta 1/3 de su profundidad, se coloca el objeto, se deja solidificar un momento, luego se vierte otra vez la resina hasta tapar completamente el objeto, se deja secar el tiempo necesario (24 horas), se saca del molde y se lija, luego se pule con pomada de brillo y un trapo.

¿Por qué?

La resina se polimeriza en presencia de un acelerador y un catalizador.

¿Por qué?

Armónica química

Acción

Sobre un productor de hidrógeno encendido se coloca un tubo abierto por ambos lados y se escucha un sonido agudo.

Sustancias

Ácido clorhídrico (HCl), granallas o láminas de zinc (Zn).

Materiales

Un frasco de vidrio provisto de un tapón de caucho, perforado, un tubo de vidrio con uno de sus extremos afilados, tubos de vidrio de diferentes diámetros y longitudes, un soporte universal, pinzas.

Procedimiento

En el frasco se coloca hasta 1/3 de ácido clorhídrico, se agrega el zinc en láminas o granallas, se tapa y se deja que salga todo el aire, se prende el gas y sobre la llama se colocan los tubos de vidrio abiertos en ambos extremos hasta percibir un sonido como el de un órgano.

¿Por qué?

El gas se produce de manera intermitente y se produce una onda dentro del tubo, la cual produce el sonido.

Precauciones

Encienda el gas cuando haya salido todo el aire, de lo contrario se produce una explosión; envuelva el frasco con cinta transparente para mayor seguridad.

Horno de aserrín

Acción

Se utiliza un tarro lleno de aserrín como estufa.

Sustancias

Aserrín, boñiga, cascarilla de arroz, cualquier material combustible semejante al aserrín.

Materiales

Tarro redondo de 1 galón, un palo de escoba.

Procedimiento

Se practican 4 huecos en la parte inferior del tarro en forma de cruz. El palo de escoba se parte en cuatro pedazos y se atraviesan por los huecos, luego se llena de aserrín apretándolo fuerte; con otro pedazo de palo de escoba y por el centro se practica un hueco en el aserrín. Se extraen con cuidado los palos y se forman unos túneles que se comunican entre sí en la parte superior. Se puede armar una especie de parrilla con alambre, al encender los 4 huecos inferiores, se produce calor en la parte superior.

¿Por qué?

El aire caliente asciende por los túneles manteniendo la combustión y produciendo calor en la parte superior, este horno funciona muy bien en lugares abiertos.

Carboncillo para dibujo

Acción

Sobre un papel se pinta un dibujo utilizando un carbón blando de calidad.

Materiales

Un pedazo de madera seca de sauce o una rama sin corteza, arena fina lavada, un tubo metálico, barro, alambre, horno.

Procedimiento

Introduzca la rama seca de sauce arreglada en forma de astilla o redondeada dentro del tubo con arena, tape con barro los extremos, practique un orificio con un alambre delgado en uno de éstos con el fin de permitir la salida de los gases y hornee.

¿Por qué?

Al oxidarse la madera en presencia de poco oxígeno produce carbón vegetal.

Cubo de azúcar mágico

Acción

Un cubo de azúcar se deposita en un vaso con agua, se disuelve y luego asciende sin perder la forma.

Sustancias

Tres cubos de azúcar,
colodión,
agua.

Materiales

Vaso de vidrio.

Procedimiento

El azúcar se cubre totalmente con colodión, cuidando que el cubo quede bien recubierto.

¿Por qué?

Al sumergir el cubo de azúcar en agua, éste se disuelve quedando la forma del cubo en colodión, siendo más liviano que el agua, asciende.

Azúcar luminiscente

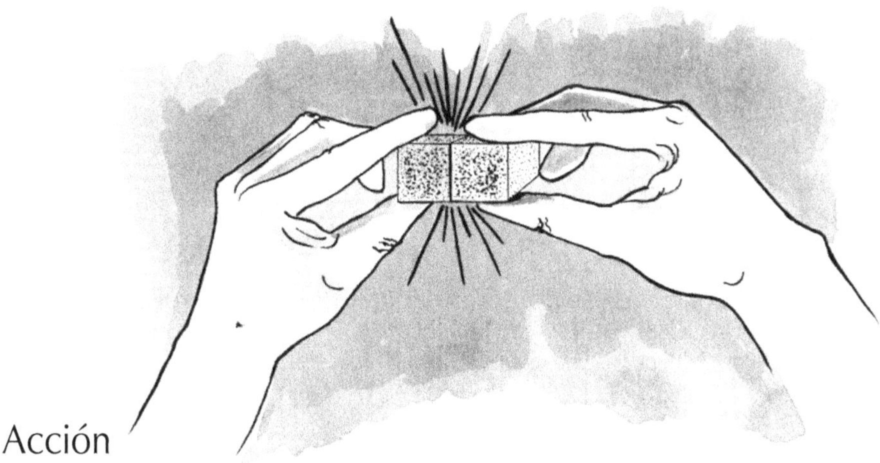

Acción

Al frotar dos cubos de azúcar entre sí y en la oscuridad, producen una luminiscencia.

Sustancias

Dos cubos de azúcar.

Procedimiento

En un lugar totalmente oscuro frote dos cubos de azúcar entre sí procurando que no se desbaraten, se producirá una luminiscencia.

¿Por qué?

Al frotarse los cristales se cargan eléctricamente produciendo descargas luminosas.

Pila húmeda

En un vaso de precipitados, con un líquido y con dos placas diferentes conectadas a un bombillo, éste se enciende.

Sustancias

Una solución 1M de ácido clorhídrico (HCl) o ácido sulfúrico (H_2SO_4).

Materiales

Un vaso de precipitados, una lámina de cobre, una lámina de zinc, un bombillo de linterna de poco amperaje, cable de cobre.

Procedimiento

Prepare una solución con 1M de ácido clorhídrico es decir, 36,5 gramos de ácido y complete hasta un litro, introduzca las dos láminas conectadas al bombillo tratando de que haya una mayor superficie de contacto entre ellas.

¿Por qué?

El ácido se disocia en el agua y los iones formados viajan a los electrodos correspondientes.

Advertencia

En esta reacción se desprende hidrógeno y con el aire forma una mezcla explosi va, evite encender llamas o producir chispas, utilice un bombillo debajo amperaje.

Nubes de antimonio

Acción

Sobre un frasco o un erlenmeyer que contiene un gas se espolvorea un sólido y forma unas nubes.

Sustancias

Cloro gaseoso, antimonio en polvo, ácido clorhídrico (HCl), dióxido de manganeso (MnO_2).

Materiales

Balón de destilación, manguera, mechero, erlenmeyer, tapón de caucho.

Procedimiento

En un balón de destilación colocamos un poco de dióxido de manganeso y luego ácido clorhídrico hasta tapar completamente el polvo negro, se calienta y se produce un gas verdoso, picante: el cloro. Éste se recoge en un erlenmeyer o un frasco y al espolvorear antimonio forma una nube.

¿Por qué?

El cloro reacciona con el antimonio produciendo cloruro de antimonio. Estos vapores son venenosos.

Papel pergamino

Acción

Transformar papel blanco corriente en papel pergamino.

Sustancias

Una solución de ácido sulfúrico, hojas de block sin línea, hidróxido de potasio.

Materiales

Una cubeta plástica del tamaño de las hojas, ganchos para colgar ropa.

Procedimiento

Se sumerge varias veces una hoja de papel blanco sin línea en una cubeta que contiene una solución de ácido sulfúrico. El papel adquiere transparencia y cierta resistencia, neutralice con hidróxido de potasio (KOH).

¿Por qué?

La celulosa del papel se transforma con el ácido sulfúrico.

Enjuague bucal

Acción

Líquido de color amarillo y en solución con agua se vuelve lechoso. Se usa como antiséptico y refrescante bucal.

Sustancias

300 ml de alcohol de 95°, 2
g de anís estrellado,
5 g de canela de Ceilán,
5 g de clavo de especias,
3 g de mentol,
2 g de salicilato de metilo.

Procedimiento

La canela, el anís y el clavo previamente pulverizados se dejan en maceración durante 15 minutos en alcohol de 95° agitando constantemente, luego se añade el resto de alcohol y el salicilato de metilo, se agita, se deja en reposo durante media hora, luego se separa la parte sólida de la líquida por filtración.

Este enjuague se debe utilizar diluido en agua.

¿Por qué?

El alcohol es un disolvente orgánico y extrae el aroma de las esencias.

Gasss...

Acción

Un frasco con tapa provisto de un gas verdoso, se destapa y se produce un olor a huevos podridos.

Sustancias

5 g Sulfuro ferroso (FeS), 5 cc de ácido clorhídrico (HCl).

Materiales

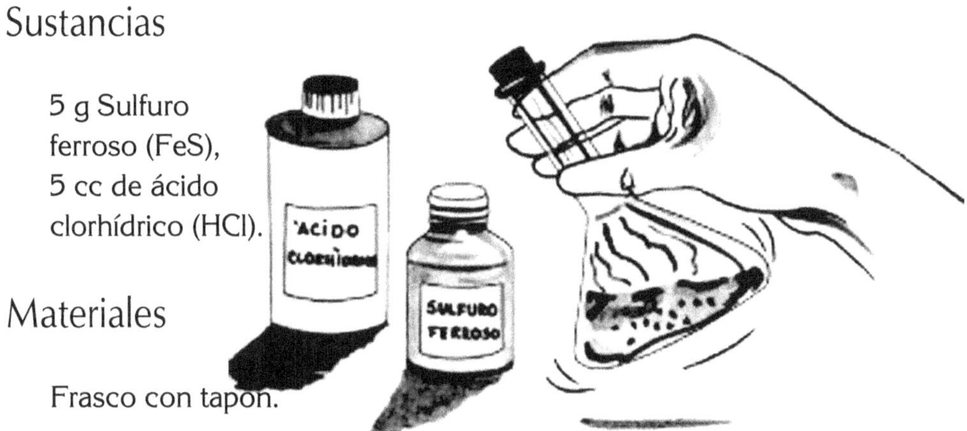

Frasco con tapón.

Procedimiento

Coloque pedazos de sulfuro ferroso en un frasco, añada el ácido clorhídrico y agite durante unos cinco minutos, se destapa y produce un olor desagradable, olor a huevos podridos, a esto también se le conoce con el nombre de pedo químico. Hay que tener en cuenta que el gas producido es venenoso.

¿Por qué?

Se produce ácido sulfhídrico cuyo olor es desagradable.

$$FeS + 2HCl \longrightarrow H_2S + FeCl_2$$

Enlace iónico

Acción

Un hilo del cual pende una sortija no muy pesada, se prende y el anillo no se cae.

Sustancias

Solución concentrada de cloruro de sodio.

Materiales

Anillo o sortija pequeña, hilo de costura.

Procedimiento

Se prepara una solución sobresaturada de cloruro de sodio (NaCl). Sumerja el hilo varias veces de tal forma que los cristales de sal se adhieran al hilo, póngalo a secar, amarre el hilo y en el otro extremo coloque el anillo, prenda fuego al hilo, éste arde pero el anillo no se cae.

¿Por qué?

El cloruro de sodio es un compuesto iónico, por lo tanto los cristales forman redes y no unidades aisladas. Evite movimientos de aire.

Reostato

Acción

Dos, tres o varios bombillos conectados en serie, aumentan o disminuyen su intensidad luminosa según se desee.

Sustancias

Un electrolito fuerte en solución acuosa como cloruro de sodio o ácido sulfúrico.

Materiales

Un recipiente plástico o de vidrio, dos varillas de hierro con mango de madera, cable, rosetas, bombillos conectados en serie, enchufe.

Procedimiento

Se prepara una solución concentrada de cloruro de sodio o de ácido sulfúrico concentrado, se conectan los bombillos en serie y uno de los dos cables se divide para conectar los electrodos de hierro de tal forma que puedan introducirse dentro del recipiente para graduar la intensidad luminosa, en el recipiente se coloca el electrolito. Este sistema de iluminación se utiliza en teatros o en representaciones teatrales.

¿Por qué?

Las soluciones electrolíticas producen iones que se separan, los cuales viajan a los electrodos respectivos, si se disminuye la superficie de contacto, la intensidad luminosa también disminuye y viceversa.

Hectógrafo

Acción

Instrumento parecido a un mimeógrafo para sacar copias.

Sustancias

Dos paquetes de gelatina sin sabor, medio pocillo de glicerina, unas gotas de formol y unas gotas de un micosida (sustancia que ataca los hongos).

Materiales

Una bandeja de madera de 40 x 30 cm, papel master para hectógrafo o extensil para mimeógrafo.

Procedimiento

Disuelva y ponga a cocinar la gelatina, adicione la glicerina para obtener una pasta semisólida, agregue el formol y el micosida y vierta la mezcla sobre la bandeja de tal forma que alcance 2 cm de grosor aproximadamente.

Sobre una hoja en blanco coloque el papel master para hectógrafo y sobre éste coloque otra hoja de papel blanco en la que escribirá a máquina o amano y realizará los dibujos que quiera, tome la copia y colóquela de tal forma que la tinta roce la pasta gelatinosa y alise con las manos, retire la copia y quedará listo para duplicar las veces que quiera, veinticinco cada tirada aproximadamente.

¿Por qué?

La gelatina forma una sustancia porosa que retiene la tinta de la copia y a su vez tiñe hojas blancas; al cabo de 24 horas la tinta se precipitará y quedará lista para otras copias.

¿Por qué?

Simulando un volcán

Acción

Se presenta un volcán
dentro de un líquido,
al momento comienza
a hacer erupción.

Sustancias

Agua, alcohol, tinta.

Materiales

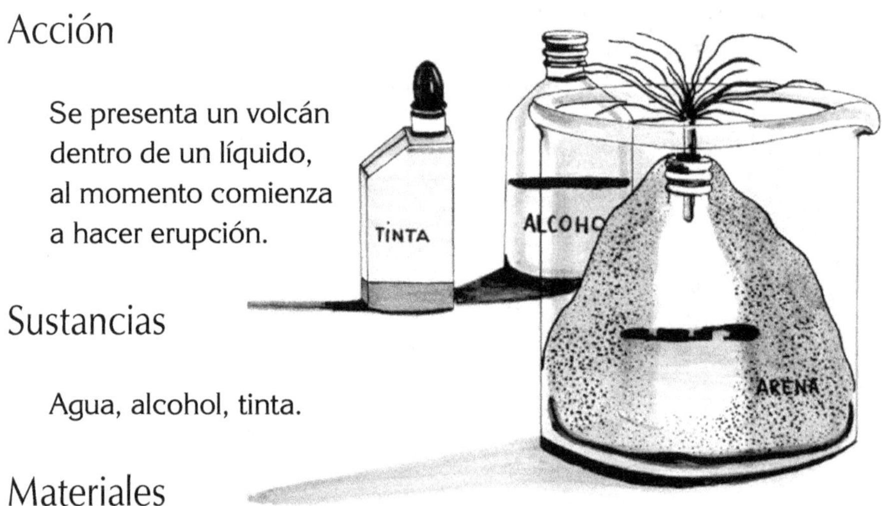

Un recipiente transparente
de boca grande, un frasco pequeño
con tapón, provisto de un tubo de vidrio, arena o barro.

Procedimiento

Se coloca el frasco pequeño con una mezcla de alcohol y tinta en el centro del recipiente transparente, con arena o barro se cubre el frasco semejando un volcán, permitiendo que el tubo de vidrio no se tape; luego se llena el conjunto con agua.

¿Por qué?

La densidad del alcohol es menor que la del agua y ocupa la parte superior, como una erupción volcánica. Observe el fenómeno por un lado del recipiente transparente, es un caso de difusión.

Pegante para porcelana

Acción

Sustancia semisólida sirve para pegar porcelana.

Sustancias

Una porción de óxido de zinc (ZnO), clara de huevo.

Materiales

Recipiente, espátula de madera.

Procedimiento

Revolver el óxido de zinc con clara de huevo hasta formar una pasta homogénea. Adhiera las partes con esta pasta y deje secar por 24 horas.

¿Por qué?

El zinc con la albúmina del huevo forman una sustancia de consistencia vítrea.

Pegante para metales

Acción

Elaborar una pócima para pegar metales.

Sustancias

Cinco partes de hierro en polvo, una parte de cloruro de amonio (NH_4Cl), una parte de azufre (S), 2 ó 3 gotas de agua.

Materiales

Recipiente, espátula de madera.

Procedimiento

Se pulverizan los sólidos: el hierro, el cloruro de amonio y el azufre, se adiciona el agua hasta formar una pasta homogénea, se agrega a la parte a soldar y se deja secar por 24 horas, luego se somete a la acción del calor por algún tiempo.

¿Por qué?

Los reactantes forman un complejo que se adhiere con fuerza y con el calor se endurece.

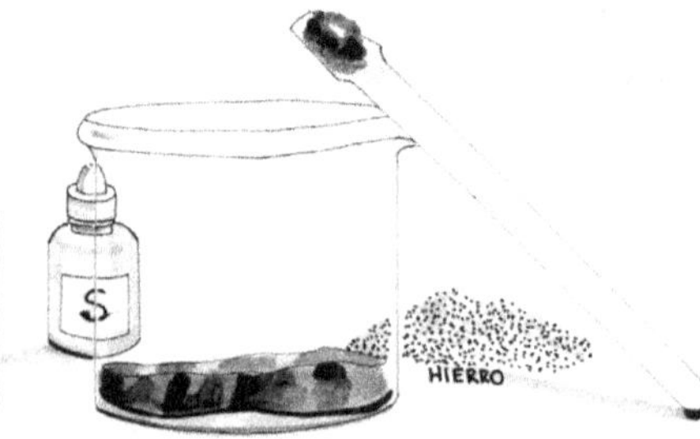

Haciendo cristales de sodio

Acción

Mostrar unos cristales grandes de cloruro de sodio.

Sustancias

Agua, 1% de ácido sulfúrico (H_2SO_4), 1% de nitrato de plomo $Pb(NO_3)_4$, cloruro de sodio (sal de cocina) (NaCl).

Materiales

Vaso de precipitados, varilla de vidrio, mechero.

Procedimiento

Mezcle el agua, el ácido sulfúrico y el nitrato de plomo, caliente hasta 75°C y sature de cloruro de sodio, de un día a otro se forman los cristales.

¿Por qué?

Los cristales de cloruro de sodio se van adhiriendo hasta formar uno de gran tamaño.

Tinta secreta

Acción

Se presenta un papel en blanco, al calentarlo aparecerá el mensaje.

Sustancias

Cuatro porciones de bisulfato de sodio NaHSO$_4$, agua.

Materiales

Tubo de ensayo.

Procedimiento

En un tubo de ensayo coloque agua hasta una cuarta parte, agregue el bisulfato de sodio y escriba con una pluma limpia o un pincel en un papel blanco, al calentar el papel aparecerá el mensaje en color café de forma permanente.

¿Por qué?

El bisulfato de sodio se presenta como una molécula monohidratada (NaHSO$_4$. H$_2$O). Al calentarla se deshidrata y forma el NaHSO$_4$ y si se sigue calentando forma el pirosulfato de sodio (NaS$_2$O$_7$). El bisulfato ataca el papel.

Tinta que desaparece

Acción

Se humedece un papel blanco y aparece un mensaje azul, al secarse el agua desaparece el mensaje.

Sustancias

Solución de cloruro de cobalto ($CoCl_2$).

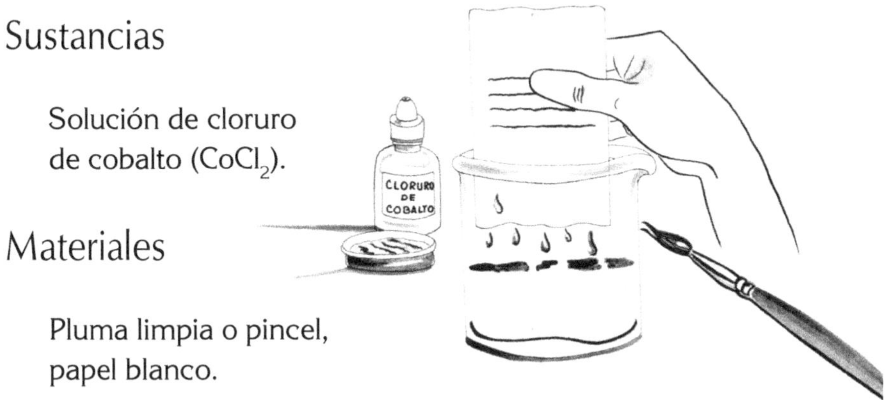

Materiales

Pluma limpia o pincel, papel blanco.

Procedimiento

Prepare una solución de cloruro de cobalto y escriba con una pluma limpia o pincel en un papel blanco, al humedecer el papel aparecerá el mensaje en color azul, al secarse el papel desaparece el mensaje.

¿Por qué?

El cloruro de cobalto se presenta como una molécula hexahidratada y al cambiar la temperatura se transforma en un complejo tetracloro cobalto II de cobalto II. $2CoCl_2 . 6H_2O$ $Co[CoCl_4] + 12 H_2O$

$$\text{Rosado} \qquad\qquad\qquad \text{azul}$$

Tinta ultraseca

Acción

Se presenta un papel blanco, al sumergirlo en agua aparecerá el mensaje.

Sustancias

Diez gotas de aceite
de lino o de cocina,
40 g de amoniaco (NH_4OH),
100 g de H_2O.

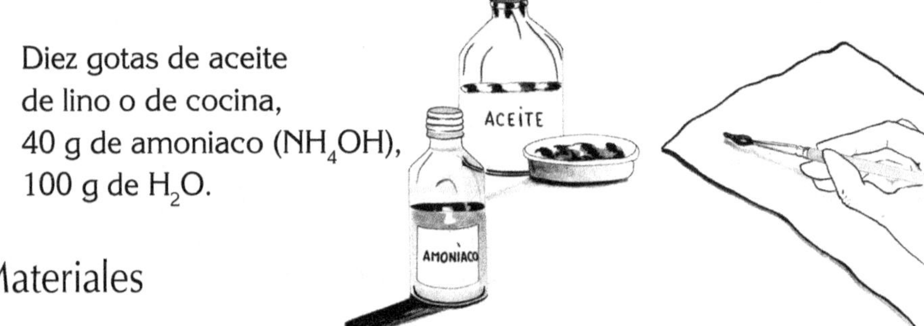

Materiales

Papel blanco corriente, plumilla o pincel, recipiente.

Procedimiento

En un recipiente mezcle los reactivos en las proporciones indicadas, con esta solución escriba en un papel blanco con una pluma o un pincel, deje secar, al sumergir el papel en agua aparece el mensaje.

¿Por qué?

El aceite se emulsiona con el hidróxido de amonio. En presencia del agua forma una sustancia no misible haciendo visible el mensaje.

Tinta amoniacal

Acción

Al introducir un papel blanco en un frasco aparece un mensaje.

Sustancias

10 g de sulfato de cobre $CuSO_4$
en 50 cc de agua, amoniaco.

Materiales

Papel blanco,
pluma limpia o
pincel, frasco.

Procedimiento

Se prepara una solución de sulfato de cobre y utilizando una pluma limpia o un pincel se escribe un mensaje, se deja secar, la tintura es invisible, sólo se ve si se introduce en un frasco que contiene amoniaco.

¿Por qué?

El sulfato de cobre reacciona con el amoníaco, produciendo sulfato de amonio que es soluble en agua, dejando libre el cobre.

Tinta crítica

Acción

Al calentar un papel blanco
aparece un mensaje.

Sustancias

Jugo de limón.

Materiales

Papel blanco,
plumilla o pincel,
mechero de alcohol.

Procedimiento

Con un poco de jugo de limón escriba un mensaje utilizando una
plumilla o un pincel, deje secar, las letras desaparecen, al calentar la
hoja aparece el mensaje en color marrón.

¿Por qué?

El ácido cítrico depositado absorbe el calor, por ser una sustancia
orgánica produce un residuo marrón.

Removedor de tinta

Acción

Remover cualquier tinta a excepción del azul de Prusia.

Sustancias

Dos partes de bisulfato de sodio $NaHSO_4$, una parte de hipoclorito de calcio $Ca(ClO)_2$, 5 ml de agua.

Materiales

Recipiente, espátula.

Procedimiento

Mezcle el bisulfato de sodio con el hipoclorito de calcio, luego agregue el agua hasta completa disolución, con un cepillo o un trapo limpie la mancha, hasta que desaparezca.

¿Por qué?

El hipoclirito de calcio
es un agente blanqueador.

Cómo encender un cubo de azúcar

Acción

Suministrar varios cubos de azúcar a los presentes e invitarlos a que los enciendan. Los cubos se derriten pero no se prenden.

Sustancias

Cenizas de cigarrillo.

Materiales

Un cubo de azúcar, fósforos.

Procedimiento

Tome el cubo de azúcar y sin que los demás se den cuenta, esparza o unte una de las esquinas del cubo con ceniza de cigarrillo y en este lugar aplique la llama del fósforo, el cubo se enciende.

¿Por qué?

La ceniza es un catalizador y produce la reacción de combustión, de lo contrario, el azúcar sólo se funde.

Extracción de perfumes de rosas

Acción

Producir perfume de rosas.

Sustancias

50 ml de alcohol etílico
(C_2H_5OH) al 90%,
pétalos de dos o tres
rosas frescas.

Materiales

Soxlet, condensador, matraz,
 mechero, malla de asbesto,
tela blanca de algodón o hilo.

Procedimiento

En el matraz coloque el alcohol, en el soxlet coloque los pétalos de rosas envueltos en una tela y amarrados, conecte el condensador y caliente durante una hora. Observe el montaje del dibujo.

¿Por qué?

El alcohol es un disolvente orgánico y extrae el aroma de las rosas.

Obtención del metano

Acción

Obtener gas metano, de una charca de aguas estancadas.

Sustancias

Agua limpia.

Materiales

Botella, guantes, embudo, tapón de caucho, vara de madera.

Procedimiento

Llene la botella con agua limpia, introdúzcala con la boca hacia abajo evitando que salga el agua en la charca, coloque el embudo en la botella y con una vara de madera rebulla el fondo de la charca para que salga el gas, éste es más liviano que el agua y la desplaza. Tape con el tapón de caucho, saque la botella, y al arrimar un fósforo encendido se produce una llama de color azul. No olvide colocarse los guantes.

¿Por qué?

Los cuerpos orgánicos en descomposición producen biogas metano.

Hirviendo agua en una caja de papel

Acción

En una caja de papel coloque un poco de agua, acerque una llama hasta que hierva.

Sustancias

Agua.

Materiales

Caja de papel,
soporte de alambre,
mechero.

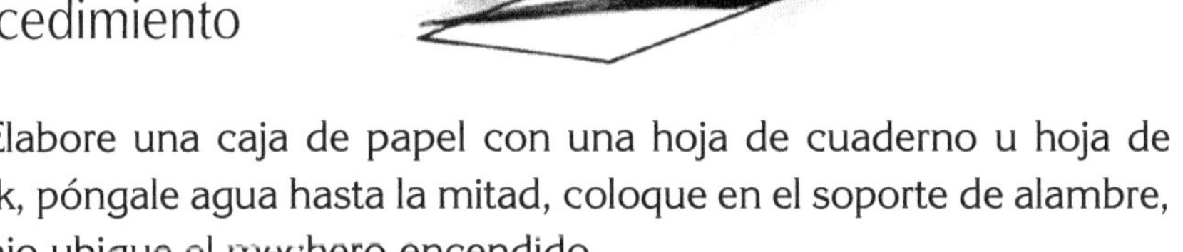

Procedimiento

Elabore una caja de papel con una hoja de cuaderno u hoja de block, póngale agua hasta la mitad, coloque en el soporte de alambre, debajo ubique el mechero encendido.

¿Por qué?

El agua se calienta por convección, la energía es absorbida por el agua sin que se queme el papel.

Conservación de rosas

Acción

Mostrar una rosa que conserva su textura y su aroma por más de seis meses.

Sustancias

Bórax ($Na_2B_4O_7 \cdot 10H_2O$)

Materiales

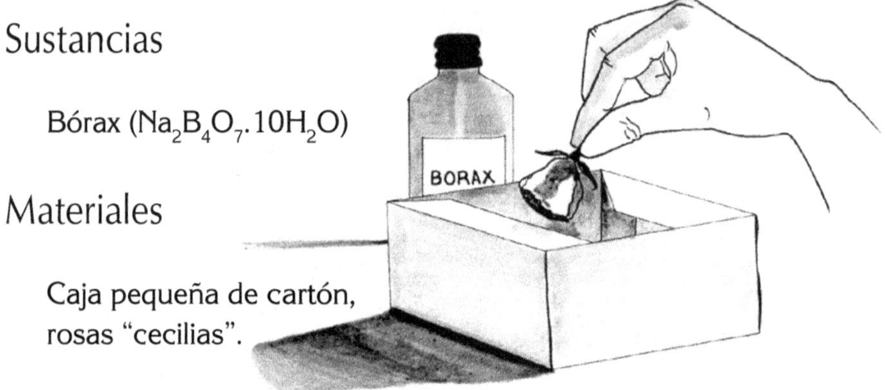

Caja pequeña de cartón, rosas "cecilias".

Procedimiento

Llene la caja de cartón hasta un tercio con bórax, luego coloque la rosa, tápela totalmente con bórax, dele golpecitos a la caja para que se introduzca entre los pétalos y déjelo durante 72 horas.

¿Por qué?

El bórax cristaliza los pétalos de la rosa preservándola del embate del tiempo y conservando su aroma.

Papel reciclado

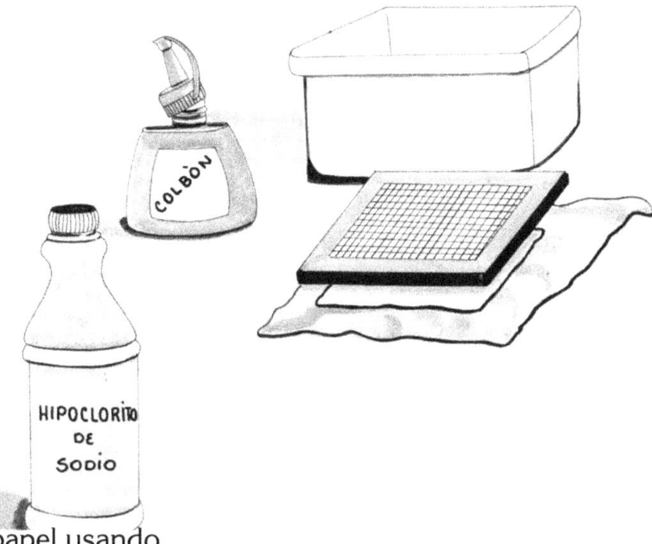

Acción

Reutilizar el papel usando
para producir papel para
artistas o de uso didáctico.

Sustancias

Papel para reciclar,
hidróxido de
sodio 40% en peso,
decolorante,
(hipoclorito
de sodio (NaClO).

Materiales

Tina, organza con marcos, franelas, licuadora.

Procedimiento

Se moja el papel en agua e hidróxido de sodio, se deja durante un día, luego se licúa y se adiciona un aglutinante que puede ser: sávila, PVA (polivinil acetato) o colbón al 1%, se coloca la mezcla en una tina y se introduce la organza con el marco, moviéndolo para que la pasta forme un capa más o menos homogénea, retire el marco de encima y voltee la organza contra una bayetilla haciendo que escurra el agua, ponga a secar el papel hasta que la hoja quede terminada.

¿Por qué?

Porque se puede recuperar la celulosa y según el calibre de los orificios de la organza, se obtienen hojas de papel más o menos gruesas.

Agua fría que hierve

Acción

En un frasco provisto de un chupo de goma con un agujero, se ve hervir agua con fuerza expulsando vapores.

Sustancias

Hielo seco (CO_2),
agua.

Materiales

Un frasco con
un chupo de goma.

Procedimiento

Llene el frasco con agua hasta las tres cuartas partes, agregue pedazos de hielo seco, y al instante se verá como si el agua hirviera, emitiendo vapores.

¿Por qué?

El hielo seco está formado de dióxido de carbono (CO_2), en contacto con el agua y por diferencia de temperatura se evapora. No toque el hielo con la mano.

El billete escurridizo

Acción

Una persona con la mano lista a coger un billete, sin embargo no lo logra.

Materiales

Un billete de cualquier denominación.

Procedimiento

Dos personas, una de ellas sostiene un billete, la otra esta listá a cogerlo, el que sostiene el billete da la orden, suelta el billete, éste pasa de largo.

¿Por qué?

El músculo recibe el estímulo y el cerebro fabrica la respuesta, todo este proceso demanda un tiempo mientras tanto el billete ha caído.

Surtidores

xisten varias formas de hacer surtidores, éstos impresionan porque el agua en la mayoría de los casos asciende desafiando la gravedad, veamos algunos casos.

Surtidor con ácido clorhídrico

Acción

Un frasco provisto de un tapón de caucho perforado, con un tubo afilado y un gas amarillo, se invierte sobre un recipiente con agua y ésta asciende con fuerza.

Sustancias

20 g de cloruro de sodio (NaCl), 25 ml de ácido sulfúrico (H_2SO_4).

Materiales

Una retorta, mechero, un frasco con tapón de caucho perforado, atravesado por un tubo de vidrio de 30 cm, con la parte afilada en el interior del frasco.

Procedimiento

Coloque el ácido sulfúrico y el cloruro de sodio en la retorta caliente y recoja los gases en el frasco, éste es más pesado que el aire; tape el frasco con el tapón de caucho y el tubo de vidrio, inviértalo sobre un recipiente con agua y ésta ascenderá.

¿Por qué?

El ácido clorhídrico fumante es higroscópico; por lo tanto, absorbe el agua. $2NaCl + H_2SO_4 \longrightarrow 2HCl + Na_2SO_4$

Gleiser

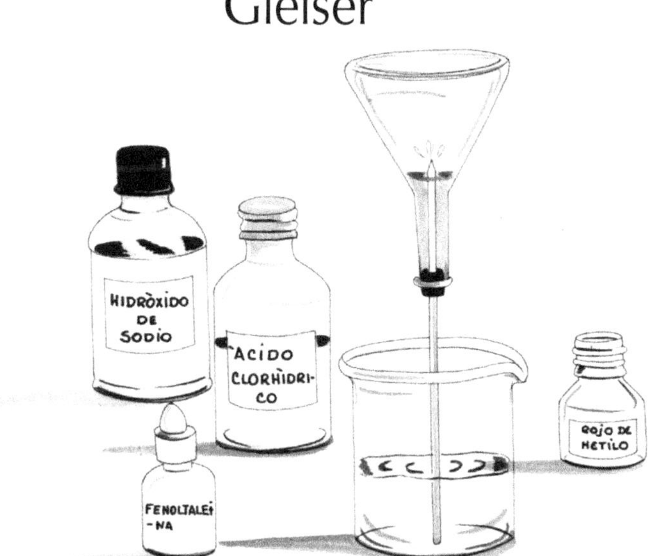

Acción

Presentar un erlenmeyer invertido con un tapón perforado, por donde pasa un tubo de vidrio de 1,20 m de longitud, afilado en un extremo; al colocar el conjunto en un recipiente con agua, ésta asciende con fuerza produciendo un sonido y cambiando de color.

Sustancias

Agua, cinco gotas fenoltaleina, 1 ml de ácido clorhídrico (Hcl), 3 g de hidróxido de sodio (NaOH), rojo de metilo.

Materiales

Un erlenmeyer de 1 litro un recipiente de 1 litro, un tubo afilado en un extremo de 1,20 m de longitud y 5 mm de calibre, un tapón de caucho perforado.

Procedimiento

Haga un montaje con el fin de ubicar exactamente los tapones en el tubo, de tal manera que llegue hasta el fondo del erlenmeyer inferior, y sobresalga unos 10cm del tapón en la parte superior, con la parte afilada.

Procedimiento

Por la parte afilada del tubo coloque el tapón de caucho perforado, de tal manera que quede libre unos 10 cm. Llene el recipiente inferior con agua, añada la fenolftaleina, el ácido clorhídrico y el rojo de metilo (una brizna). En el erlenmeyer superior coloque 10 ml de agua, 3 g de hidróxido de sodio y póngalo a hervir. Rápidamente tape el erlenmeyer con el tapón y el tubo, presionando con fuerza invierta el erlenmeyer evitando que se riegue la solución, colocando el extremo del tubo en el recipiente con agua. Ésta comienza a ascender.

¿Por qué?

Al hervir el agua se aumenta la energía cinética de las moléculas, las cuales tratan de ocupar todo el espacio posible, al enfriar genera un vacío que succiona el agua ascendiendo con fuerza y cambiando de color.

Precauciones

Utilice guantes de asbesto para poder invertir el erlenmeyer con el tapón y el tubo; el vapor de agua expulsa el tapón, por lo que es necesario hacer bastante presión.

Extracción mágica

Acción

Se presenta un frasco que contiene agua hasta la mitad, provisto de un tapón de caucho atravesado por un tubo afilado de vidrio que llega al fondo del frasco. Se invita a los presentes a que extraigan agua del frasco sin tocarlo, sin levantarlo, aprovechando únicamente el aire.

Sustancias

Agua.

Materiales

Frasco con tapón provisto de un tubo afilado, papel periódico mojado, un frasco grande de boca ancha.

Procedimiento

El frasco pequeño lleno hasta la mitad de agua con un tapón perforado y un tubo afilado se coloca sobre papel periódico mojado, se
calienta el aire del frasco grande durante unos 4 minutos, y con éste
se tapa el frasco pequeño.

¿Por qué?

Se genera un vacío, y como el aire es compresible pero los líquidos
no, el agua asciende.

Surtidor de succión

Acción

Succione por una manguera en un montaje preparado (según el dibujo), el agua asciende desde un recipiente.

Sustancias

Agua.

Materiales

Un frasco con un tapón de caucho con dos perforaciones, un tubo de vidrio de 40 cm de longitud afilado en un extremo, otro tubo de vidrio doblado en ele con una curvatura en un extremo, recipiente con agua, soporte.

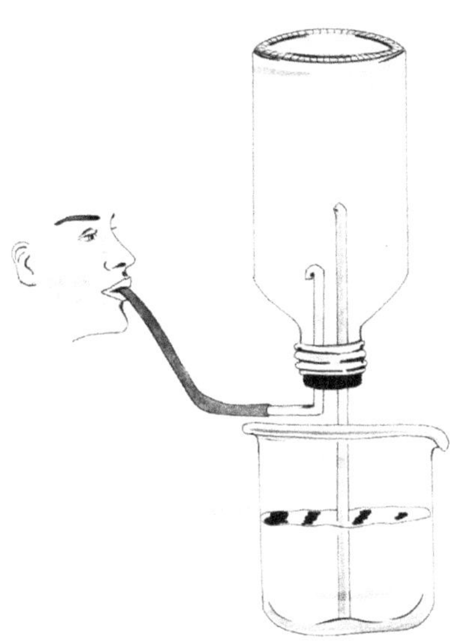

Procedimiento

Se hace el montaje como se indica en el dibujo, luego se succiona de la manguera, el agua asciende. El frasco contiene agua hasta la mitad.

¿Por qué?

Se desequilibra la presión interna del frasco y el agua asciende.

Construcción de una balanza con una cuerda

Acción

Elaborar una balanza
más o menos sensible,
con recursos del medio.

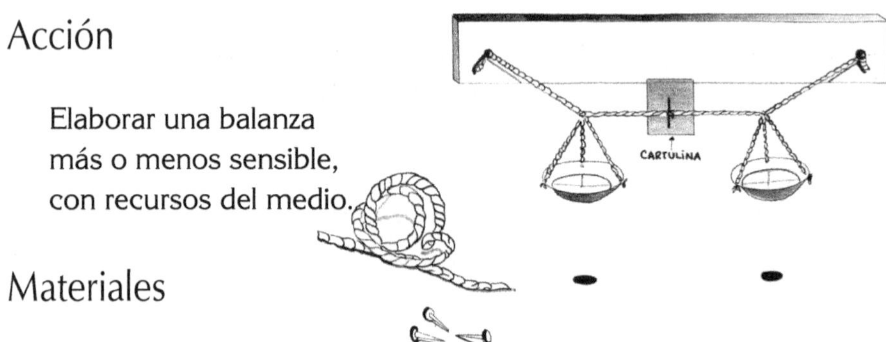

Materiales

Dos platos redondos con tres agujeros o cuadrados con cuatro agujeros, una cuerda, dos clavos, cartulina con una raya en el centro.

Procedimiento

Tome una cuerda, haga un nudo en el centro, ate sus extremos a dos puntillas ubicadas en un soporte como una mesa o una tabla, de tal forma que cuelgue. Utilizando pedazos de cuerda amarre los platillos en puntos equidistantes al nudo central (observe el dibujo). Con unas pesas equilibre la balanza. Asegure una cartulina al soporte de tal forma que la línea coincida con el nudo central. Si no hay equilibrio la línea no coincide con el nudo.

¿Por qué?

Al ubicar el nudo en la balanza equilibrada ocupará un sólo sitio. Si no hay equilibrio el nudo se desplaza, pues éste es el fiel de la balanza.

Cohete

Acción

Un cohete que al
 introducirle aire
 se eleva unos 5 m.

Sustancias

Agua.

Materiales

Una botella plástica de dos litros o litro y medio, capuchón de cartón, tres patas de cartón o de triplex, tapón de caucho, aguja para inflar balones, bomba de aire.

Procedimiento

Se construye un capuchón de cartón terminado en punta y se pega a la base de la botella, al igual que los soportes o patas del cohete. Se llena la botella, hasta 1/3 con agua, se tapa con el tapón de caucho en el cual se ha introducido la aguja para inflar balones, a ésta se conecta la bomba y se bombea aire.

¿Por qué?

El aire es un gas y es compresible, al bombear aire aumenta la presión dentro de la botella, el corcho es expedido hacia afuera y el agua sale también con fuerza, sirviendo de propulsión al cohete.

Taladro de mano para vidrio

Acción

Fabricar un taladro en casa para
abrir huecos en vidrio.

Materiales

Una broca de calibre mediano
unido a un cilindro de madera de 30
cm de largo y 1,5 cm de diámetro, un
círculo de madera con un hueco en el
centro de 18 cm de diámetro y 2 cm
de grosor, un pedazo de cuerda y un
palo redondo pequeño.

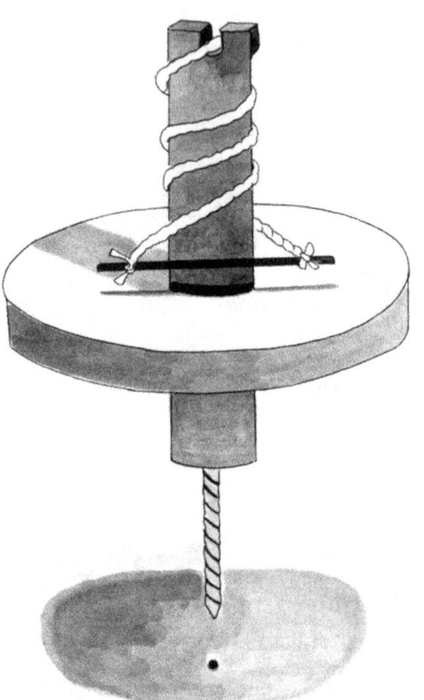

Procedimiento

Coloque la broca en el cilindro de madera, luego introduzca este
cilindro en el disco de tal manera que quede a unos 2 cm por encima
de la broca, coloque una cuerda como lo muestra el dibujo y a ésta
amarre un pedazo de madera, al bajar con fuerza el palo, la broca gira
y la cuerda se vuelve a enrollar.

¿Por qué?

Al alar la cuerda la broca gira y el disco trata de mantener el movimiento por inercia y así el taladro gira para ambos lados.

Equipo de soldadura

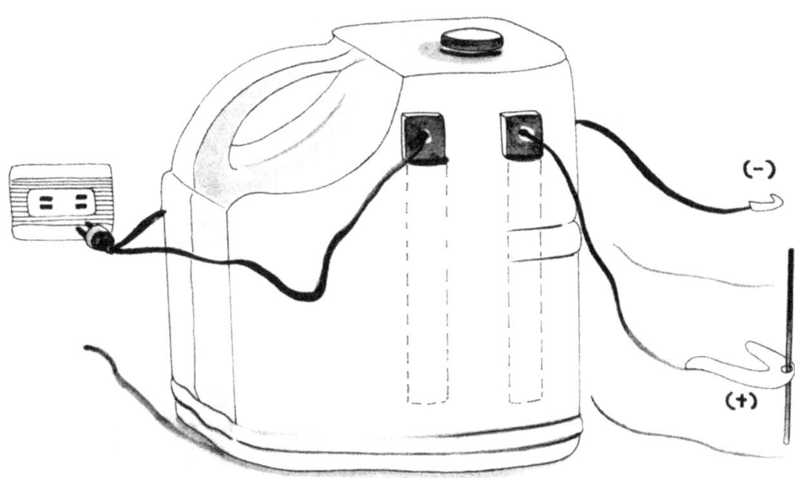

Acción

Elaborar un equipo de soldadura eléctrica.

Sustancias

Agua, Cloruro de sodio (NaCl) o ácido sulfúrico (H_2SO_4).

Materiales

Un tarro de un galón de plástico, dos barras de cobre u otro metal conductor de 30 cm de largo, 2 cm de ancho y 1 cm de grosor, electrodos para soldadura, cable para masa fuente eléctrica.

Procedimiento

En el tarro plástico se hacen dos huecos por un lado, por donde se colocarán las barras de cobre o de otros metales, éstas deberán tener un orificio en un extremo para conectar los cables en el galón plástico habrá una solución saturada de cloruro de sodio o de ácido, se conecta a una fuente de corriente eléctrica de 110 voltios, la línea viva es la positiva y la masa es la negativa; al graduar la profundidad de las barras se tendrá una mayor o menor intensidad eléctrica (observe el dibujo).

¿Por qué?

La sal es un electrolito fuerte, la profundidad de las barras en la solución salina permitirá graduar la intensidad eléctrica.

Torno para madera

Acción

Equipo para tornear madera
con recursos del medio.

Materiales

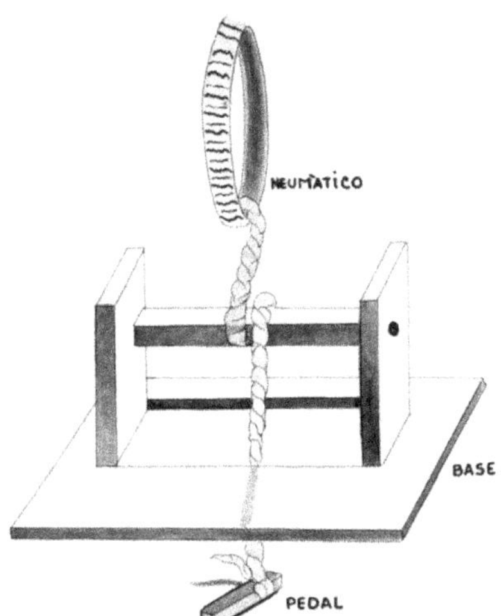

Un neumático de bicicleta,
cabuya, formones y un
adaptador para torno.

Procedimiento

Colgamos del techo el neumático
y le amarramos una cabuya,
colocamos el pedazo de madera a
tornear en el adaptador y con la cabuya le damos una vuelta, en el
extremo de la cabuya amarramos un palo que nos servirá como pedal,
mire el dibujo.

¿Por qué?

El neumático hace las veces de un resorte estirando y encogiendo,
haciendo que la madera gire y se pueda tornear.

Ondas hertzianas

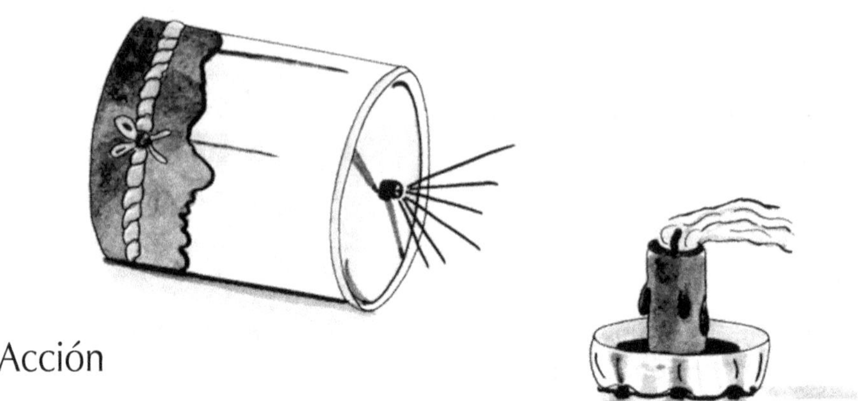

Acción

Con un tarro a una distancia de 50 cm o más se intentará apagar una vela encendida.

Materiales

Un tarro de galletas redondo, una membrana de caucho, una cuerda, vela, fósforos, un pedazo de tubo pequeño.

Procedimiento

Haga un hueco en la base del tarro y coloque un pedazo de tubo pequeño, en la boca del tarro coloque una membrana de caucho, al golpear la membrana el aire sale con fuerza y dirigido hacia la vela, ésta se apaga.

¿Por qué?

Al golpear la membrana las moléculas de aire salen por el orificio de la base y forman una corriente capaz de apagar la vela.

Carrito de cuerda

Acción

Elaborar un carrito
que al darle cuerda se mueve.

Materiales

Dos ruedas de 3 cm de diámetro,
un tubo metálico de 5 cm de longitud,
un resorte de caucho, 3 puntillas, un palito de 10 cm de largo delgado, un trozo de vela o esperma.

Procedimiento

Haga un orificio en el centro de cada una de las ruedas y únalas con el tubo metálico, tome una rueda y a cada lado del orificio coloque dos puntillas, introduzca un resorte de caucho doble, de tal forma que salga de lado a lado, coloque una puntilla para evitar que el resorte se salga y entre las puntillas para que no gire, del otro lado en la otra rueda coloque un trozo de vela el cual deberá tener un hueco por donde pase el resorte, apriete y amarre, para evitar que el resorte se hunda coloque un palito delgado de 10 cm y listo, gire varias veces el palito para que el resorte se envuelva y ponga el carrito a andar.

¿Por qué?

El resorte de caucho se desenrolla pero la presión del resorte sobre la esperma hace que el movimiento sea lento.

Bibliografía

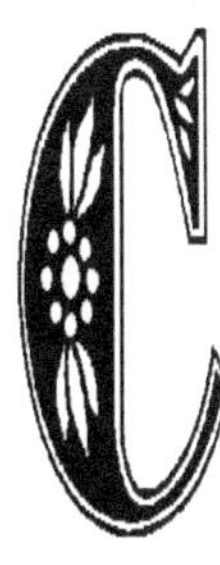OTTON, F. Albert. *Química, una introducción a la investigación*. Publicaciones cultural, S.A. México, D.F. 1976.

DAINTITH, John, B. Sc; *Ph. D. Diccionario de Química*. Editorial Norma 1985.

ESTRADA, Antonio. *Física recreativa,* I.G. Seix y Barral Hnos, S.A. Editores, Barcelona.

FORD, A. Leonard. *Magia química*. Editorial Diana. México. 15° edición. 1991.

DÉVORÉ, G. *Química orgánica*. Publicaciones cultural, S.A. México, D.F. 1976.

RESTREPO, M. Fabio. *Química orgánica Básica*. Editorial Bedout, Medellín Colombia.

_______________. *Química fundamental.*   Editorial Bedout. Medellín Colombia. 1973.

PORTER, M. Harold. *The Student Chemcraft Manual*. Hagerstown, Mariland 1958.

VIDAL, Jorge. *Química inorgánica*. Editorial Stella. Viamonte 1984. Buenos Aires. Argentina.

VICTORIA, Eduardo S. J. *Manual de química moderna*. Editorial TIP.Cat. Casals. Barcelona 1944.

VIVES Luis. *Elementos de química*. Editorial Luis Vives.